日本企業国際化の研究
―基礎データにみる光と陰―

小林規威 著

文眞堂

本研究の前提と特色

1）　本書は，筆者が信頼を置く，中長期のデータベース[1]に基づき，「国際化と経営パフォーマンスの関係性」を，数値と自ら開発した評価方法を使って解明しようと試みる実証研究である。

　そこで筆者が描こうと試みるのは，日本の国際化企業の経営にみる最近5年度間の関係性に関する沿革と変化の軌跡である。

　従来の国際化企業の研究には，明晰な頭脳を持つ有名な学者の理論や，成功体験に富む有力な経営者の貴重な体験を下敷きとし，それに身の回りの具体的な経営問題に当てはめて，「エピソード」的なモデルや論文をまとめたものが少なくない[2]。筆者もこれまで，しばしばこうしたスタイルに従い多くの論文を執筆してきた。そしてこうした体験から，貴重なものの考え方を学び，当面した問題への新しく有効な理解や解決への啓蒙的なヒントを得てきたのである[3]。世界のビジネス・トレンドや環境条件が安定している時代ならば，こうした研究へのアプローチにも，十分な妥当性があり通用するものと思う。

2）　しかし，今や世界の環境やビジネスや環境は，大変動の唯中にある。欧米一極時代は，中国，インド，アラブ諸国を含めた多極化時代に代わりつつある。たとえば，「鉄は国家なり」といった鉄鋼業経営を置き換えてきたGMやフォードの経営も今や危殆に瀕している。無敵を誇った日本の「日本株式会社（Japan Incorporated）」や「人本主義」にも崩壊の危機が迫っている。新しい時代には，新しいリーダー企業や，システムが必要だ。しかし，そこには，あまりにも大きな不確実性と不明確性とが待ちうけている。

3）　なお，最近の政府発表やジャーナリズムの報道をみていると，日本の国際化企業の多くが，不況の最悪期を脱し，回復に向かっているような

印象を受ける。しかし，筆者はそれが間違った希望的観測であるように思えて心配なのである。

　報道される回復の兆しというのは，一部製品・技術の海外輸出が再開されたとか，雑巾絞りにも似た経費削減の結果，ようやく若干の利益が回復されたとかいう，例外的な成功事例もでてきたとはいえ，未だ不確定性の高い話しであることが多い。そこには，全体的にみて（holistic），起死回生の製品・技術の開発や戦略提案などは，ほとんど見つからないのである。筆者は不況から回復への途には，意識と，ものの見方の根本的なパラダイム・チェンジが必要になると考えている。それなくしては，現在の問題克服とビジネス・トレンドの本格的な回復には，まだまだ相当な長期間を必要とするものと考える。

4）　この混乱を切り抜けるのには，何が必要か。これに関連してぜひとも認識すべきは，いわゆる国際的な多様化の時代に，すべての国や企業経営に共通して役立つ目的やモデルは，未だひとつも存在しないのではないかということである。企業やその経営者は，自社偏重的・横並び的基準に捉われず，経営発展の方向性やパフォーマンスの有効性を自ら考え，自ら確立していかなければならない[4]。

5）　いかなる環境変化の情況においても，営利活動を目的とする企業活動にとって変わらぬ1つの要件がある。それは，利益なき経営を続けても意味がないということである。利益は勿論売上から生まれる。しかし，利益を確保するためには，経営が安定性と創造性を保つことが大前提となる。このことは，経営の場が国内であると，国外であるとにかかわらず，また経営が日本ベースの企業であると，海外ベースの企業であるとにかかわらず，共通して当てはまる要件である。

6）　国際化企業の将来に向けての目的や発展方向を知ることは難しい。それが最も可能と思われるのは，調査対象企業のトップ・マネージャーから，できるだけ全体的・客観的な説明を聞くことだろう。しかし，ここにも少なからず問題が残る。それは，すべてのトップが，将来の目的や方向を明確に認識し，かつ，また個別企業の利害損失を超えて，大局的な立場で質

問に答える用意があるのか否かについては，疑問が残されるからである。企業秘密の問題もある。

7） これに対して，われわれ観察者が，過去に向かって，売上高，海外売上高比率（国際化率），利益性，安定性，そして創造性について知ることは，それほど難しくはない。有価証券報告書をはじめ，多くの信頼すべき公刊資料があるからである。

8） 本研究において，筆者は，主として東洋経済新報社『会社四季報』記載の数値に頼った。その理由は，2003年から2005年にかけて，筆者が米国のUCLAで，「日本国際化企業における国際化と経営パフォーマンスの関連性」の研究[5]を始めた時，アベイラブルなデータが会社四季報に限られていたこと，さらに，長期間にわたるビジネスのサイクルとトレンドの中にこそ，国際化とパフォーマンス数値の関連性の連続性が見出されると考えたからに外ならない[6]。

9） 以上の観点からいえることは，本研究が，理論研究ではなく，事実のトレンドから実際を探る実証研究であるということである。本書で整理分析して提示した事実の結果から，新しいものの見方，また個々の企業の自己評価と，将来方向の索作に役立つ考え方や方策が生まれてくることに期待する。

10） 非常に重要なことのひとつは，この研究が，国際化とパフォーマンスの関係性についての問題を理解し，考えるための基礎資料を提示するものであり，分析の対象となった11業種66社における経営や経営者の適切もしくは不適切な判断や処理を例示するものではないということである。さらに，分析の対象はあくまで過去の客観的なデータであり，関係した業種や企業の将来予測（特に株価予測を含む）とは，全く関係のないものであることをお断りしておきたい。文中に将来に関するものがある場合には，それは筆者の過去のデータに基づく私見と希望であり，その責任は，すべて筆者が担うものである。

11） なお，本書では，各章の中に，読者と一緒に問題を考え，討議するてがかりとなる設問もしくは，項目付属要旨説明を添付した。読者がこうした

記述を参考に，さらに問題の理解を深める討論に役立てていただければ幸いである。

注
(1) 東洋経済新報社『会社四季報』2010年第4集，2009年第4集，2008年度第4集，2007年度第4集，2006年度第4集，2005年度第4集を参照した。
(2) こうした研究方法の批判については，石田光男「日本の自動車企業の仕事・管理・労働関係　中央経済社刊2010」7-13頁に学ぶことが多かった。
(3) 筆者が，国際経営分野で，多くを学びまた活用してきた理論やモデルには，たとえばRaymond Vernon, "International Investment and International Trade in the Product. Cycle," Quarterly Journal of Economics, Vol.80 190-207 (1966) のプロダクト・ライフ・サイクル理論，John Dunning のエクレクティック仮説（eclectic hypothesis), Multinational Enterprises and the Global Economy, Addison-Wesley Publishing Company (1993)，国際競争に関する Michael Porter の "The Competitive Advantage of Nations", The Free Press, a Division of Macmillan, Inc. N.Y. (1990), Christopher Bartlett and Sumantra Ghoshal, Managing Across Borders: the Transnational Solution, Harvard Business School Press (1989) のトランスナショナル統合経営モデル，そして John Stopford and Louis Wells, Jr, Managing the Multinational Enterprise, Basic Books, Inc. (1972) の多国籍企業組織成長モデルなどがある。
(4) 日本の国際化企業の多くは，パフォーマンスと業績反転，回復の手掛かりを次の2つに求めているようだ。
① 新製品　技術開発を目的とした研究開発費の積み増し。
② 国際経営活動の重点市場を従来の欧米中心から急速に拡大する中国やインドなどに移転する。
こうした方向性は間違っていない。しかしそこには次のような不安要因も存在している。
ⓐ "仲良しクラブ"を善とする現在の日本に，他人のまねのできない革新的な製品や技術の誕生をどこまで期待できるのか。それが生まれたとして，知的財産権保護に関するものの考え方や制度の運用が比較的ルーズな日本の経営に，それをどこまで有効に守れるのか。
ⓑ 日本の国際化企業は，これまで主として欧米市場で現地化等の問題に悩まされてきた。今後こうした市場での国際競争はますます激しくなるだろう。また今日まで人々は，欧米と中国インドの市場とは違いそこで遭遇する問題は異質なのだと区別して考えがちだった。しかし，筆者のこれまでの知見によれば，この理解は間違っている。日本の国際化企業が海外で当面する問題の性格は，現実には同一である。欧米市場で必ずしもうまくゆかなかった日本の経営が，中国そしてインドのようなより複雑な市場で，欧米よりも上手くゆくという保証はない。また新しい市場では，第三国企業や現地国内企業からの急ピッチな迎撃や追撃にも十二分に警戒する必要があるだろう。
(5) 小林規威「日本の国際化企業－国際化と経営パフォーマンスの関係性」中央経済社

2007年刊。
(6)　かねて筆者は，40年間景気サイクルを提言してきた。明治開国以来，日本は2つの山（日露戦争の勝利，そして第二次世界大戦後1985年までの繁栄）そして2つの谷（明治維新そして第二次世界大戦の敗戦）を経験して今日に至っている。今や日本はこのサイクル3度目の谷に落ち込んでいるわけだ。筆者は日本が1日も早くこの谷から山への登り口に移ることを期待している。しかしIT時代に内・外の環境は厳しい。最悪の場合には，後10年から15年は，継続した下り坂の路を覚悟しなければならないかもしれぬというのが，筆者の心配である。

まえがき

　本書の目的は"国際化とパフォーマンスの関係性"を，2009年度の時点に立って明らかにすることである。検討の対象としたのは日本の国際化企業66社（総売上高1,000億円，海外売上高比率＝国際化率20％以上）であり，彼らの2005年度から2009年度にかけての国際化およびパフォーマンスの関係性の推移である。

　この5年度の期間にはリーマン　ショックを契機として世界的な大不況が発生した。その影響は日本の国際化企業にも大きなインパクトを与えた。たとえば，2009年度には自動車製造，総合電機業種に所属する日本の企業の多くが，国際化度の後退，売上の大幅な減少そして利益の大幅赤字を体験したのである。

　このような実情を明確にするため，筆者は本研究において国際化と経営パフォーマンスの関係性を表すマトリックス表を作成して活用することにした（図1）。この図では，国際化度（海外売上高比率）を縦軸に，そして筆者が策定した基準に従うパフォーマンス評価値＝総売上高規模，利益性，安定性そして創造性の評価値の総和（評価の基準については，表1を参照）を横軸に置き，その枠内で日本の国際化企業11業種，66社を位置づけたのである。さらに筆者は，国際化度50％で横線，そしてパフォーマンス15ポイントで縦線を引き，11業種66社の対象を「1．国際化チャンピオン」(C)，「2．国際化チャレンジャー」(I)，「3．問題のある企業」(X)，そして「4．経営パフォーマンス　チャレンジャー」(P) という4つのグループに分類した（図1）。

● 国際化チャンピオンのグループに属する企業は，国際化度も経営パフォーマンスも共に高い数値を示す（調査対象企業中このカテゴリーに属した企業は，2005年度で29社，最盛期の2008年度で42社，そして不況後の2009年度で

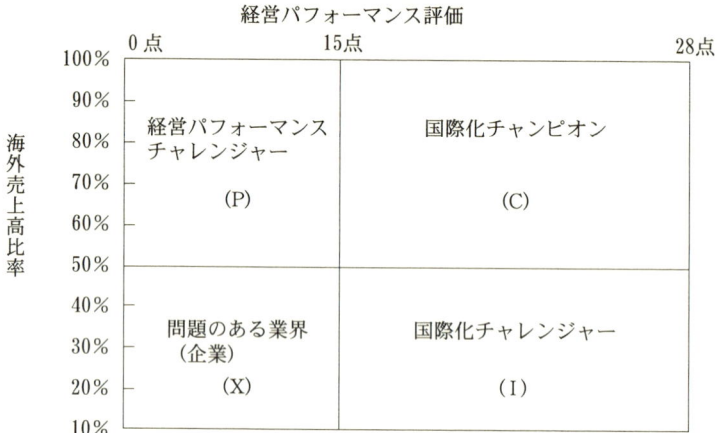

図1 海外売上高比率と経営パフォーマンス評価値との関係マトリックス

は18社であった)。

● 国際化チャレンジャーのグループに属する企業は，パフォーマンス数値は高いのだが，国際化率が50未満の企業である（2005年13社，2008年6社，2009年5社）。

● 問題のある企業グループに属する企業は，国際化率が50%未満で，経営パフォーマンス評価値も15ポイント未満の企業である（2009年8社，2008年4社，2009年8社）。

● 経営パフォーマンス　チャレンジャーグループに属する企業は，国際化率は50%を超えて高いのだが，経営パフォーマンス評価値が15ポイント未満の企業である。(2005年16社，2008年14社，2009年35社)。

　通常パフォーマンス・ファクターの中でも最も重要視されるのが，総売上高規模である。確かに経営で売上高の大きいことは力である。しかしパフォーマンスの全体評価としては，そのほかに利益性，安全性，そして創造性の評価も加味しなければならないことを忘れてはならない。

　筆者は，経営規模を5兆円以上，1兆円以上5兆円未満，5,000億円以上1

表1 経営パフォーマンス・ファクター評価の基準

①売上高規模			④株主持分比率（株主持分／総資産）		
ⓐ5兆円以上		5点	ⓐ80％以上		5点
ⓑ1兆円以上5兆円未満		4	ⓑ75％以上80％未満		4
ⓒ5,000億円以上1兆円未満		3	ⓒ50％以上75％未満		3
ⓓ1,000億円以上5,000億円未満		2	ⓓ25％以上50％未満		2
ⓔ1,000億円未満（例外的サンプル）		1	ⓔ15％以上25％未満		1
②売上高純利益率（純利益／売上高）			⑤有利子負債比率（有利子負債／総資産）		
ⓐ20％以上		5点	ⓐ0％以上10％未満		5点
ⓑ15％以上20％未満		4	ⓑ10％以上25％未満		4
ⓒ10％以上15％未満		3	ⓒ25％以上35％未満		3
ⓓ5％以上10％未満		2	ⓓ35％以上40％未満		2
ⓔ1％以上5％未満		1	ⓔ40％以上		1
ⓕ1％以下		0	⑥売上高に対する研究開発費の割合（研究開発費／売上高）		
③総資産純利益率（純利益／総資産）			ⓐ20％以上		5点
ⓐ10％以上		5点	ⓑ15％以上20％未満		4
ⓑ5％以上10％未満		4	ⓒ10％以上15％未満		3
ⓒ2.5％以上5％未満		3	ⓓ5％以上10％未満		2
ⓓ1％以上2.5％未満		2	ⓔ5％未満		1
ⓔ0％以上1％未満		1	1＋2＋3＋4＋5＋6＝経営パフォーマンス数値		
ⓕ0％未満		0			

兆円未満，1,000億円以上5,000億円未満，そして1,000億円以下と5つのグループに分類して認識している。超大企業，大企業，中堅企業，中企業，そして小企業を区別しようと考えているからである。それは，所属するグループの規模が異なれば，おのおの規模に最適な国際化率とパフォーマンス・ファクターの内容と構成ミックスがあると筆者が考えているからである。これも本研究で確認したい重要な問題点である。

　これまでの国際化とパフォーマンスの関係性に関する研究で，筆者は，次のような認識を持ってきた。

1．いわゆるグローバル化時代の経営にとって，国際化の推進は，必要な要件である。しかしそれだけでは十分でない。

2．いかに国際化が進んでも，経営のパフォーマンスが低下したのでは意味がない。本末転倒である。
3．国際化の階段を昇段したいのなら，その前提として，経営規模，利益性，安全性，創造性といったパフォーマンス・ファクターの適宜バランスのとれた強化充実が望まれる。
4．業種により，また経営規模により，パフォーマンス・ファクターの内容と，構成ミックスは異なるはずだ。ファクターの強化充実と最適ミックスの構成とは並行して注意深く段階的に推進されてゆかなければならない。

以上のような筆者の認識が妥当なのか否かそれを検証してゆくのが本研究の重要な課題の1つである。

本書の構成は先ず，自動車製造，自動車部品，建設機械，総合電機，電子部品，IC製造装置，電子機器，精密機械，ガラス・土石，医薬品，化学その他（統合事業）という11の業種における国際化とパフォーマンスの関係性の分析からはじめる。ここでは業種別パフォーマンスの評価を行う予定である。

それに続けて予定しているのは，11業種に含まれた66社の日本の国際企業の実態分析であり，個別企業のパフォーマンスの評価である。ここでは，パフォーマンス評価値と国際化度および5つの売上高規模の違いとの関連をも十分に勘案する。

研究対象を66社中11社の大企業，中堅企業，中規模企業（1社の小規模企業も含む）は5年度間（2005年度からにわたる2009年度まで）を通じて，"国際化チャンピオン"のマトリックス上のポジションを維持した。立派なものである。この11社については，特に1節を設け，ケース，メソッド的な分析を行い，その原因を探った。こうした11社の中には，任天堂，キヤノン，信越化学，京セラ（以上大企業），村田製作所，東京エレクトロン（以上中堅企業），ファナック，マキタ，ローム，シマノ（以上中規模企業），そしてマブチモーター（小規模企業）が含まれている。ここではなぜ超大企業が"国際化チャンピオン"になれなかったかという理由についても考えてみたい。

なお，総売上高1,000億円以上，海外売上高比率20%以上という本研究の調

査対象企業選択の基準に該当する企業は，本研究で選んだ 66 社以外にも存在する。たとえば，資生堂，キッコーマンなどである。さらに 11 業種という業種別制限を外せば，まだまだ調査の対象企業の数は増加するはずだ。しかし，国際化とパフォーマンスの関連性を，中長期のトレンドとサイクルの波動の中でとらえることを意識した本書では，調査対象を筆者が 2007 年の著書（日本の国際化企業－国際化と経営パフォーマンスの関係性，中央経済社）で検討した 66 社に限定することにした。基礎データの継続性を重視したからである。この点選択の範囲外の業種や企業を調査対象に加えることは，将来の研究に待ちたいと思う。

まえがきの補足

　本書の筆を置いたのは 2010 年の 12 月末のことであった。以来 5 カ月が経過した。この 5 カ月は大変な期間であった。3 月 11 日に東日本を襲った大地震，大津波そして原子力発電所の崩壊は，誠に不幸な出来事であった。被災され，怪我をされ，家や事業所を失い，今日もなお避難生活を続けておられる方々に対して，心からの哀悼の意を表しお見舞いを申し上げるのと同時に一日も早い復興をお祈りするものである。

　筆者は，この事件の発生が，日本の国際化企業の経営に，抜本的な変革を促す契機となるものと考えている。

　1980 年代の半ばまで日本の経営は，"利益よりも売り上げとマーケットシェアーの拡大"に狂奔し，大成功をおさめてきた。しかしその後，世界に誇った"JIT システム"，"終身雇用制"そして官民協調"日本株式会社体制"に支えられた日本の企業の経営は，少なからぬ揺らめきを見せ始めていた。それが完全な綻びを見せたのが，最近の東関東大震災と大津波そして原発崩壊を契機とした環境変化であったのだと思う。サプライチェーンは寸断され，効率的な JIT システムも働かなくなった。生産消費は大きく低下し，利益なき繁栄は，その

基盤にある終身雇用制度をも大きく揺るがしている。建設的な産官関係の維持にも問題が山積しているのがわかってきた。ことに追い打ちをかけたのが，近時にみる急激な円高，ドル安の進行である。

それでは日本の国際化企業はどうすればよいのか。筆者はそれが，国際化の推進と経営パフォーマンス改善強化との間の関係とバランスを再建し，身の丈に見合った経営ファクターの充実とその関係の再調整にあると考えている。中庸を得た経営の再評価が必要だと考える。

今やビジネストレンドの下降線上にある日本の国際化企業にとって最も重要なのは，強く責任のあるリーダーシップの下，中庸を得た国際化とパフォーマンスの関係を回復し，その上で将来に向けた発展の再起に賭けることである。

日本の国際化企業の経営が一日でも早く下り坂のトレンドを上り坂のトレンドに変え，経営をプラスのサイクルに乗り換えさせてゆくことを心から希望するものである。

目　次

本研究の前提と特色 ……………………………………………………… i
まえがき …………………………………………………………………… vii
まえがきの補足 …………………………………………………………… xi

第1章　日本の国際化企業が所属する11業種にみる国際化と
　　　　経営パフォーマンスの関係性 ………………………………… 3

　　序説 …………………………………………………………………… 3
　　1．業種別総売上高変化の推移 …………………………………… 3
　　2．業種別海外売上高比率（国際化率）変化の推移 …………… 6
　　3．業種別経営パフォーマンス・ファクター変化の推移 ……… 7
　　　（1）利益性変化の推移 ………………………………………… 7
　　　（2）安定性変化の推移 ………………………………………… 10
　　　（3）創造性変化の推移 ………………………………………… 14
　　4．11業種の経営パフォーマンス・ファクターの評価 ………… 16
　　　（1）自動車製造 ………………………………………………… 16
　　　（2）自動車部品 ………………………………………………… 18
　　　（3）建設機械 …………………………………………………… 19
　　　（4）総合電機 …………………………………………………… 20
　　　（5）電子部品 …………………………………………………… 21
　　　（6）IC製造装置 ………………………………………………… 23
　　　（7）電子機器 …………………………………………………… 24
　　　（8）精密機械 …………………………………………………… 25
　　　（9）ガラス・土石 ……………………………………………… 26

　　　　(10)　医薬品 …………………………………………………………… 27
　　　　(11)　化学その他（統合事業） ……………………………………… 29

第2章　研究対象66社の選択基準，売上高および国際化度の
　　　　実態と分析 …………………………………………………………… 31

　　1．本章の目的と編成 ………………………………………………… 31
　　2．66社の選択基準 ………………………………………………… 31
　　3．66社の売上高の解明と分析 …………………………………… 33
　　　(1)　売上高規模のもつ意味 ……………………………………… 33
　　　(2)　2005年度から2009年度の期間にみた総売上高の趨勢
　　　　　（売上高ランキング）………………………………………… 33
　　　(3)　売上高規模のカテゴリー別区分けと関連した企業数の
　　　　　概要 ……………………………………………………………… 37
　　　(4)　66社売上高規模のパフォーマンス・ファクター評価値…… 40
　　4．66社にみる国際展開の実態 …………………………………… 42
　　　(1)　国際化率ランキング ………………………………………… 42
　　　(2)　企業の国際化度別社数の変化 ……………………………… 42
　　　(3)　売上高規模別国際化率の分布 ……………………………… 44
　　　(4)　業種別区分に従う66社の国際化率の検討 ………………… 47

第3章　個別企業の利益性，安定性，創造性のパフォーマンス
　　　　の評価と分析 ………………………………………………………… 60

　　■　本章の目的 ………………………………………………………… 60
　　　(1)　自動車製造企業 ……………………………………………… 60
　　　　①　利益性 …………………………………………………… 61
　　　　②　安定性 …………………………………………………… 63
　　　　③　創造性 …………………………………………………… 65
　　　(2)　自動車部品企業 ……………………………………………… 67
　　　　①　利益性 …………………………………………………… 67

　　　　② 安定性 ……………………………………………… 69
　　　　③ 創造性 ……………………………………………… 71
　　(3) 建設機械企業 ………………………………………… 72
　　　　① 利益性 ……………………………………………… 72
　　　　② 安定性 ……………………………………………… 74
　　　　③ 創造性 ……………………………………………… 75
　　(4) 総合電機企業 ………………………………………… 76
　　　　① 利益性 ……………………………………………… 76
　　　　② 安定性 ……………………………………………… 78
　　　　③ 創造性 ……………………………………………… 80
　　(5) 電子部品企業 ………………………………………… 82
　　　　① 利益性 ……………………………………………… 82
　　　　② 安定性 ……………………………………………… 84
　　　　③ 創造性 ……………………………………………… 86
　　(6) IC製造装置企業 ……………………………………… 87
　　　　① 利益性 ……………………………………………… 87
　　　　② 安定性 ……………………………………………… 89
　　　　③ 創造性 ……………………………………………… 90
　　(7) 電子機器企業 ………………………………………… 91
　　　　① 利益性 ……………………………………………… 91
　　　　② 安定性 ……………………………………………… 93
　　　　③ 創造性 ……………………………………………… 95
　　(8) 精密機械企業 ………………………………………… 97
　　　　① 利益性 ……………………………………………… 97
　　　　② 安定性 ……………………………………………… 99
　　　　③ 創造性 ………………………………………………101
　　(9) ガラス・土石企業 ……………………………………102
　　　　① 利益性 ………………………………………………102
　　　　② 安定性 ………………………………………………104

　　　　　③　創造性 …………………………………………………… 106
　　⑽　医薬品企業 …………………………………………………… 106
　　　　　①　利益性 …………………………………………………… 107
　　　　　②　安定性 …………………………………………………… 108
　　　　　③　創造性 …………………………………………………… 110
　　⑾　化学その他（統合事業）企業 ……………………………… 111
　　　　　①　利益性 …………………………………………………… 111
　　　　　②　安定性 …………………………………………………… 113
　　　　　③　創造性 …………………………………………………… 114

第4章　個別企業66社の経営パフォーマンス総合評価のまとめ … 116

■ 本章の目的 …………………………………………………………… 116
1．パフォーマンス・ファクターの総合評価値 ……………………… 117
　　⑴　自動車製造企業 ……………………………………………… 117
　　⑵　自動車部品企業 ……………………………………………… 119
　　⑶　建設機械企業 ………………………………………………… 121
　　⑷　総合電機企業 ………………………………………………… 122
　　⑸　電子部品企業 ………………………………………………… 125
　　⑹　IC製造装置企業 ……………………………………………… 127
　　⑺　電子機器企業 ………………………………………………… 128
　　⑻　精密機械企業 ………………………………………………… 131
　　⑼　ガラス・土石企業 …………………………………………… 133
　　⑽　医薬品企業 …………………………………………………… 135
　　⑾　化学その他（統合事業）企業 ……………………………… 137
2．5年度間を通じた総合パフォーマンス評価のランキング …… 139

第5章　業種別／個別企業別にみた国際化とパフォーマンスの関係性―CPIXマトリックス上の位置づけ ……………… 140

■ 本章の目的 …………………………………………………………… 140

1．CPIX マトリックス上の 11 業種の位置づけ …………………142
　　2．CPIX マトリックス上の 66 社の位置づけ ……………………144
　　3．売上高規模の大小と CPIX マトリックス上の位置づけの
　　　 関係 …………………………………………………………………145
　　4．国際化とパフォーマンス・ファンクションの業種別／
　　　 企業別の関係性 ……………………………………………………151
　　　(1) 自動車製造業種 ………………………………………………151
　　　(2) 自動車部品業種 ………………………………………………153
　　　(3) 建設機械業種 …………………………………………………154
　　　(4) 総合電機業種 …………………………………………………156
　　　(5) 電子部品業種 …………………………………………………158
　　　(6) IC 製造装置業種 ………………………………………………160
　　　(7) 電子機器業種 …………………………………………………161
　　　(8) 精密機械業種 …………………………………………………163
　　　(9) ガラス・土石業種 ……………………………………………165
　　　(10) 医薬品業種 ……………………………………………………166
　　　(11) 化学その他（統合事業）業種 ………………………………168

第 6 章　5 年度間を通じて「国際化チャンピオン」C の座を
　　　　 維持した 11 社の分析と教訓 ………………………………170
　■ 本章の目的 ……………………………………………………………170
　　1．大企業 ………………………………………………………………171
　　　(1) 任天堂 …………………………………………………………171
　　　(2) キヤノン ………………………………………………………173
　　　(3) 信越化学 ………………………………………………………175
　　　(4) 京セラ …………………………………………………………176
　　2．中堅企業 ……………………………………………………………178
　　　(1) 村田製作所 ……………………………………………………178
　　　(2) 東京エレクトロン ……………………………………………179

3．中型企業 …………………………………………………181
　　　　(1) ファナック …………………………………………181
　　　　(2) マキタ ………………………………………………182
　　　　(3) ローム ………………………………………………183
　　　　(4) シマノ ………………………………………………185
　　　4．小型企業 …………………………………………………186
　　　　マブチモーター ……………………………………………186
　　　5．「国際化チャンピオン企業」と，他のタイプの企業との
　　　　比較—なぜ有力な超大型企業が除外されているのか？………188

第7章　本研究から学んだことの要約と提言 …………………………191

むすびに代えて ……………………………………………………………194

謝辞 …………………………………………………………………………198

索引 …………………………………………………………………………199

図表目次

図 1　海外売上高比率と経営パフォーマンス評価値との関係マトリックス ……viii
表 1　経営パフォーマンス・ファクター評価の基準……………………………ix
表 1-1　5 年度間にみた業種別売上高の推移 ………………………………… 4
表 1-2　2009 年度における業種別売上高の前年度対比 …………………… 5
表 1-3　業種別海外売上高の総売上高に占める割合 ……………………… 7
表 1-4　業種別売上高純利益率の年度別推移 ……………………………… 8
表 1-5　業種別総資産純利益率の推移 ……………………………………… 10
表 1-6　業種別株主持分比率の推移 ………………………………………… 11
表 1-7　業種別有利子負債増減の推移 ……………………………………… 13
表 1-8　業種別総売上高に対する研究開発費の推移 ……………………… 15
表 1-9　自動車製造業のパフォーマンス・ファクター評価 ……………… 17
表 1-10　自動車部品のパフォーマンス・ファクター評価 ………………… 18
表 1-11　建設機械のパフォーマンス・ファクター評価 …………………… 19
表 1-12　総合電機のパフォーマンス・ファクター評価 …………………… 21
表 1-13　電子部品のパフォーマンス・ファクター評価 …………………… 22
表 1-14　IC 製造装置企業のパフォーマンス・ファクター評価 …………… 24
表 1-15　電子機器のパフォーマンス・ファクター評価 …………………… 25
表 1-16　精密機械のパフォーマンス・ファクター評価 …………………… 26
表 1-17　ガラス・土石のパフォーマンス・ファクター評価 ……………… 27
表 1-18　医薬品のパフォーマンス・ファクター評価 ……………………… 28
表 1-19　化学その他（統合事業）のパフォーマンス・ファクター評価 … 29
表 1-20　業種別パフォーマンス・ファクター評価のまとめ ……………… 30
表 2-1　66 社の内訳 …………………………………………………………… 32
表 2-2　66 社の売上高規模ランキング（2005 年度から 2009 年度間年平均）…… 35
表 2-3　66 社にみる 2008 年度から 2009 年度にかけての売上高増減の実態 … 36
表 2-4　売上高カテゴリー別該当企業の企業数 …………………………… 37
表 2-5　売上高規模と業種の関係 …………………………………………… 39
表 2-6　売上高規模のパフォーマンス・ファクター評価値 ……………… 40
表 2-7　国際化率のランキング ……………………………………………… 43

表 2-8	企業の国際化度別分布	44
表 2-9	規模別国際化率分布	45
表 2-10	企業規模別の国際化率（5年度間平均）	45
表 2-11	自動車製造企業の国際化率	47
表 2-12	自動車部品企業の国際化率	48
表 2-13	建設機械企業の国際化率	49
表 2-14	総合電機企業の国際化率	50
表 2-15	電子部品企業の国際化率	51
表 2-16	IC製造装置企業の国際化率	52
表 2-17	電子機器企業の国際化率	53
表 2-18	精密機械企業の国際化率	55
表 2-19	ガラス・土石企業の国際化率	56
表 2-20	医薬品企業の国際化率	58
表 2-21	化学その他（統合事業）企業の国際化率	58
表 3-1	自動車製造企業の売上高純利益率	61
表 3-2	自動車製造企業の総資産純利益率	62
表 3-3	自動車製造企業の株主持分比率	63
表 3-4	自動車製造企業の有利子負債比率	64
表 3-5	自動車製造企業の創造性	66
表 3-6	自動車部品企業の売上高純利益率	67
表 3-7	自動車部品企業の総資産純利益率	68
表 3-8	自動車部品企業の株主持分比率	69
表 3-9	自動車部品企業の有利子負債比率	70
表 3-10	自動車部品企業の創造性	71
表 3-11	建設機械企業の売上高純利益率	72
表 3-12	建設機械企業の総資産純利益率	73
表 3-13	建設機械企業の株主持分比率	74
表 3-14	建設機械企業の有利子負債比率	75
表 3-15	建設機械企業の創造性	75
表 3-16	総合電機企業の売上高純利益率	76
表 3-17	総合電機企業の総資産純利益率	78
表 3-18	総合電機企業の株主持分比率	79
表 3-19	総合電機企業の有利子負債比率	80

表 3-20	総合電機企業の創造性	81
表 3-21	電子部品企業の売上高純利益率	82
表 3-22	電子部品企業の総資産純利益率	84
表 3-23	電子部品企業の株主持分比率	85
表 3-24	電子部品企業の有利子負債比率	86
表 3-25	電子部品企業の創造性	87
表 3-26	IC 製造装置企業の売上高純利益率	88
表 3-27	IC 製造装置企業の総資産純利益率	88
表 3-28	IC 製造装置企業の株主持分比率	89
表 3-29	IC 製造装置企業の有利子負債比率	90
表 3-30	IC 製造装置企業の創造性	90
表 3-31	電子機器企業の売上高純利益率	91
表 3-32	電子機器企業の総資産純利益率	93
表 3-33	電子機器企業の株主持分比率	94
表 3-34	電子機器企業の有利子負債比率	95
表 3-35	電子機器企業の創造性	96
表 3-36	精密機械企業の売上高純利益率	97
表 3-37	精密機械企業の総資産純利益率	99
表 3-38	精密機械企業の株主持分比率	100
表 3-39	精密機械企業の有利子負債比率	101
表 3-40	精密機械企業の創造性	102
表 3-41	ガラス・土石企業の売上高純利益率	103
表 3-42	ガラス・土石企業の総資産純利益率	104
表 3-43	ガラス・土石企業の株主持分比率	104
表 3-44	ガラス・土石企業の有利子負債比率	105
表 3-45	ガラス・土石企業の創造性	106
表 3-46	医薬品企業の売上高純利益率	107
表 3-47	医薬品企業の総資産純利益率	108
表 3-48	医薬品企業の株主持分比率	109
表 3-49	医薬品企業の有利子負債比率	110
表 3-50	医薬品企業の創造性	111
表 3-51	化学その他（統合事業）企業の売上高純利益率	112
表 3-52	化学その他（統合事業）企業の総資産純利益率	112

表 3-53　化学その他（統合事業）企業の株主持分比率 ……………………113
表 3-54　化学その他（統合事業）企業の有利子負債比率 …………………114
表 3-55　化学その他（統合事業）企業の創造性 ……………………………115
表 4-1　自動車製造企業の総合的な評価値 …………………………………117
表 4-2　自動車製造企業パフォーマンス各関係項目の評価値 ……………118
表 4-3　自動車部品企業の総合的な評価値 …………………………………120
表 4-4　自動車部品企業パフォーマンス各関係項目の評価値 ……………120
表 4-5　建設機械企業の総合的な評価値 ……………………………………121
表 4-6　建設機械企業パフォーマンス各関係項目の評価値 ………………122
表 4-7　総合電機企業の総合的な評価値 ……………………………………123
表 4-8　総合電機企業パフォーマンス各関係項目の評価値 ………………124
表 4-9　電子部品企業の総合的な評価値 ……………………………………125
表 4-10　電子部品企業パフォーマンス各関係項目の評価値 ………………126
表 4-11　IC 製造装置企業の総合的な評価値 ………………………………127
表 4-12　IC 製造装置企業パフォーマンス各関係項目の評価値 …………128
表 4-13　電子機器企業の総合的な評価値 …………………………………129
表 4-14　電子機器企業パフォーマンス各関係項目の評価値 ………………130
表 4-15　精密機械企業の総合的な評価値 …………………………………131
表 4-16　精密機械企業パフォーマンス各関係項目の評価値 ………………132
表 4-17　ガラス・土石企業の総合的な評価値 ………………………………134
表 4-18　ガラス・土石企業パフォーマンス各関係項目の評価値 …………134
表 4-19　医薬品企業の総合的な評価値 ……………………………………136
表 4-20　医薬品企業パフォーマンス各関係項目の評価値 …………………136
表 4-21　化学その他（統合事業）企業の総合的な評価値 …………………138
表 4-22　化学その他（統合事業）企業パフォーマンス各関係項目の評価値 ……138
表 4-23　個別企業にみる 5 年度間平均総合パフォーマンス評価数値のランキング…139
図 5-1　国際化度とパフォーマンス値との相関マトリックス ……………141
表 5-1　年度別 CPIX 分布（該当業種数） …………………………………142
表 5-2　11 業種の年度別 CPIX カテゴリー上の位置づけ（業種別該当企業数）…143
表 5-3　業種・年度別の CPIX 分布 …………………………………………144
表 5-4　CPIX マトリックスの各項目該当企業数および 66 社中の% …………144
表 5-5　売上高規模と CPIX インデックス該当企業 ………………………146
表 5-6　66 社にみる CPIX 上の位置づけの沿革 ……………………………147

表 5-7	自動車製造業種	151
表 5-8	自動車製造業種企業	152
表 5-9	自動車部品業種	153
表 5-10	自動車部品業種企業	154
表 5-11	建設機械業種	155
表 5-12	建設機械業種企業	155
表 5-13	総合電機業種	156
表 5-14	総合電機業種企業	157
表 5-15	電子部品業種	158
表 5-16	電子部品業種企業	159
表 5-17	IC 製造装置業種	160
表 5-18	IC 製造装置業種企業	160
表 5-19	電子機器業種	161
表 5-20	電子機器業種企業	162
表 5-21	精密機械業種	163
表 5-22	精密機械業種企業	164
表 5-23	ガラス・土石業種	165
表 5-24	ガラス・土石業種企業	166
表 5-25	医薬品業種	167
表 5-26	医薬品業種企業	167
表 5-27	化学その他（統合事業）業種	168
表 5-28	化学その他（統合事業）業種企業	169
表 6-1	任天堂のパフォーマンス・ファクターの推移	172
表 6-2	キヤノンのパフォーマンス・ファクターの推移	173
表 6-3	信越化学のパフォーマンス・ファクターの推移	175
表 6-4	京セラのパフォーマンス・ファクターの推移	177
表 6-5	村田製作所のパフォーマンス・ファクターの推移	178
表 6-6	東京エレクトロンのパフォーマンス・ファクターの推移	180
表 6-7	ファナックのパフォーマンス・ファクターの推移	181
表 6-8	マキタのパフォーマンス・ファクターの推移	183
表 6-9	ロームのパフォーマンス・ファクターの推移	184
表 6-10	シマノのパフォーマンス・ファクターの推移	185
表 6-11	マブチモーターのパフォーマンス・ファクターの推移	187

表 6-12　トヨタのパフォーマンス・ファクターの推移 …………………………189
表 6-13　日立のパフォーマンス・ファクターの推移 …………………………190

日本企業国際化の研究
―基礎データにみる光と陰―

第1章
日本の国際化企業が所属する11業種にみる国際化と経営パフォーマンスの関係性

序説

　本書は，本研究で調査の対象とした11業種について，2005年度から2009年度にかけて，業種別ベースで，国際化と経営パフォーマンスの関係性を検討することを目的としている。

　まず初めに，2005年度から2009年度にかけての業種別総売上高（経営規模）および売上高に占める海外売上高の割合（国際化率）の変化の推移について観察する。

　次に，利益性，安全性，創造性のパフォーマンス・ファクター数値の変化を，同じ5年度間の期間についてフォローする。

　すでに説明したように，利益性については，売上高純利益率と総資産純利益率，安全性については，株主持分比率と有利子負債利率，そして創造性については，売上高に対する研究開発支出の割合を検討の指標として使用する。

　最後に行うのは，11業種それぞれのパフォーマンス・ファクターの評価値を筆者自身が考案した基準に基づいて確認することである。

1．業種別総売上高変化の推移

設問①
　1．11業種各々の売上高伸長と伸縮とトレンドを検討してみよう。これに

関連しては，伸長，収縮率の大小と傾向を理解することも必要である。
2. 2009年度の7業種で見た売上高の激減は，業種にどのようなインパクトを与えたと考えられるのか。2009年度にみた，国際化度の変化，さらに後述の利益性，安全性，創造性などの関係でも継続して理解して行く必要がある。

調査対象11業種中10業種までが，2005年度から2008年度の期間，毎年度対前年度対比売上高の増加を実現してきた。(ただし，2007年度から2009年度にかけてのIC製造装置業を除く)(表1-1参照)。

しかし，同じ増加傾向にあったとはいうものの，その増加金額が，常に対前年度対比より大きかったというわけではない。そこには年により相当な上下動があった。この点をもう少しくわしく説明しておこう。

5年度間に，関係業種の対前年度比増加金額が最大となったのは，①医薬品および精密機械が2006年度，②自動車製造，ガラス・土石，電子部品，IC製造装置，化学その他(統合事業)が2007年度，③自動車部品，建設機械，総合電機，電子機器が2008年度であった。しかし，以上各業種売上は，ピークを迎えた後では，下降したり，上下動をする傾向に入っている。

表1-1　5年度間にみた業種別売上高の推移　(単位：10億円)

業種＼年度	2009	±	2008	±	2007	±	2006	±	2005
自動車製造	48,993.0	−12,355.4	61,348.4	+4,693.6	56,654.8	+6,181.9	50,472.9	+5,681.8	44,791.1
自動車部品	7,297.1	−1,129.1	8,426.2	+885.5	7,540.7	+757.3	6,783.4	+708.1	6,075.3
建設機械	3,873.4	−464.7	4,338.1	+560.8	3,777.3	+397.8	3,379.5	+513.4	2,866.1
総合電機	47,571.3	−6,679.4	54,250.7	+3,346.3	51,504.4	+3,221.6	48,282.8	+2,031.3	46,251.5
電子部品	4,428.3	−875.7	5,304.0	+86.5	5,217.5	+637.5	4,580.0	+372.5	4,207.5
IC製造装置	803.8	−564.9	1,368.7	−19.6	1,388.3	+214.2	1,174.1	+29.6	1,144.5
電子機器	4,421.3	−265.0	4,686.3	+774.1	3,912.2	+746.9	3,165.3	+163.1	3,002.2
精密機械	10,333.6	−1,192.5	11,526.1	+590.3	10,935.8	+485.9	10,449.9	+715.2	9,734.7
ガラス・土石	2,799.5	−442.1	3,241.6	+229.5	3,012.1	+276.1	2,736.0	+134.6	2,601.4
医薬品	4,430.7	+162.5	4,268.2	+162.4	4,105.8	+240.0	3,865.8	+944.9	2,920.9
化学その他(統合事業)	4,911.5	−630.2	5,541.7	+222.7	5,319.0	+552.4	4,766.6	+334.9	4,431.7

2008年度から2009年度にかけて，リーマン・ショックを契機とする世界的な大不況が，日本の11業種を襲い，それが関係業種の売上を大きく減少させた。

その結果を，2009年度における業種全体，そしてその業種に所属する1社当たりの平均赤字金額でまとめたのが，表1-2である。それは，リーマン・ショックのマイナスの影響が，いかに大きかったのかを物語っている。

表1-2　2009年度における業種別売上高の前年度対比　（単位：10億円）

業種	社数	業種全体	1社当たりの平均金額
自動車製造	8	－12,355.4億円	－1,544.4億円
総合電機	8	－6,679.4	－834.9
機密機械	8	－1,192.5	－149.1
自動車部品	8	－1,129.1	－141.1
電子部品	8	－875.7	－1,094.6
化学その他（統合事業）	3	－630.2	－210.1
IC製造装置	3	－564.9	－188.3
建設機械	3	－464.7	－154.9
ガラス・土石	5	－442.1	－88.4
電子機器	9	－265.0	－29.4
医薬品	5	＋162.5	＋32.5

医薬品だけがこの表に入っていない。それは，この2009年度にこの業種だけが，全体で1,625億円，（1社当たりで325億円）の対前年度比売上増加を記録したからである。しかし，この業種における対前年増加額のピーク（9,449億円）が訪れたのは2006年度のことであった。以来，この業種の対前年度売上高増加金額は，多少の上下動はあるものの，5年度間を通じ，毎年減少し続けてきたことも注目に値するといえよう。これは，医薬品業種が，現在事業の成熟期を迎え，停滞期に向かい出したことのひとつの兆しとも考えられる。

2．業種別海外売上高比率（国際化率）変化の推移

日本の国際化企業の経営には，「国際化志向」が強い。

設問②
1．なぜ日本の国際化企業では，国際化志向が強いのか？
2．2009年度には，国際化を継続して拡大する企業と，低下させた企業に二分される。なぜ国際化が不況にもかかわらず拡大されたのか。なぜ国際化率が引下げられたのか。その理由を考えてみよう（この点については，売上高規模，利益性，安定性そして創造性などパフォーマンス・ファクターとの関連についても，次章以下で合わせて考察していく必要がある）。
3．国際化率の引上げ，引下げ双方についてその妥協性を考えてみよう。

表1-3には，調査対象11業種にみた，2005年度から2009年度に至る5年間における，総売上高に対する海外売上高比率（国際化率）の推移をまとめた。
① 医薬品，ガラス・土石，そして精密機械の3業種では，2005年度から2009年度までの調査期間中（5年度間），国際化率を，対前年度対比で，毎年継続して向上させてきた。
② 自動車製造，自動車部品，建設機械，総合電機，化学その他（統合事業）の5業種についても，2005年度から2008年度にかけての4年度間に，類似の拡大傾向が見受けられた。
③ しかし，世界不況の深まりを受け，2009年度には，医薬品，精密機械，ガラス・土石を除く8業種で，国際化率引下げの動きが出始めた（なお，このような動きは，電子部品では，2008年度にスタートしている）。

第1章　日本の国際化企業が所属する11業種にみる国際化と経営パフォーマンスの関係性　　7

表1-3　業種別海外売上高の総売上高に占める割合

業種＼年度	2009	2008	2007	2006	2005	平均
自動車製造	74.63%	76.50%	73.13%	71.00%	70.25%	73.10%
自動車部品	71.17	73.00	70.83	69.83	68.00	70.57
建設機械	66.33	67.33	62.67	59.00	55.33	62.13
総合電機	44.38	46.13	44.00	43.00	41.63	43.83
電子部品	66.00	66.25	66.75	65.75	64.13	65.78
IC製造装置	64.67	66.33	66.33	63.67	67.67	65.73
電子機器	70.89	71.55	88.33	67.22	66.89	68.97
精密機械	70.38	69.63	68.25	67.88	64.38	68.10
ガラス・土石	65.00	64.40	61.00	58.00	57.20	61.12
医薬品	52.00	50.20	48.40	43.80	40.80	47.04
化学その他（統合事業）	47.67	51.00	49.67	48.67	47.33	48.87
平均						61.39

　2005年度から2009年度にかけて，常に国際化の先頭に立ったのは，自動車製造と自動車部品であった。これに反して，総合電機と医薬品はこの期間一貫して最後尾を走ってきた。かねて総合電機は，日本の経営国際化の先達であると認識されてきた。また医薬品は，後述するように，最も経営パフォーマンスの数値が高い業種である。こうした問題点は，国際化度と経営パフォーマンスの関係性を考える本書の中で，もう一度より深く検討すべきものであると考えられる。

3．業種別経営パフォーマンス・ファクター変化の推移

(1) 利益性変化の推移

① 売上高純利益率

設問③
　1．なぜ医薬品，電子機器では売上高純利益が高く，総合電機，IC製造装置では低いのか？

2．2005年度から4あるいは3年度間，売上高純利益率は多くの業種で向上してきた。それが，2009年度に急減したのはなぜか。2008年度までの利益改善でも追いつかなかったのはなぜか。
3．国際化度や他のパフォーマンス・ファクターにみた変化との関連でも，この問題を検討していく必要がある。

　研究対象11業種の2005年度から2009年度にかけての売上高純利益率の5年度間を通じた全体平均は，5.0%であった。（表1-4参照）上位2業種には，医薬品（11.93%）と，電子機器（7.77%）が，下位には，IC製造装置（0.027%）と総合電機（0.56%）が記録されている。

　2005年度から2009年度を振り返ると，関係業種の多くには，売上高純利益率の改善に努力してきた跡が見受けられる。即ち，総合電機では，2005年度以来3年度間，自動車製造，精密機械，建設機械，ガラス・土石そして医薬品では，2年度間継続してこの数値を改善してきた。これに対して，自動車部品，IC製造機械，電子機器，化学その他（統合事業）では，毎年の売上高純利益率がやや不安定であり，相当な上下動が認められた。

　なおこの数値が最も高かったのは，2005年度が自動車部品とIC製造装置，

表1-4　業種別売上高純利益率の年度別推移

業種 \ 年度	2009	2008	2007	2006	2005	平均
自動車製造	−1.49%	3.73%	4.24%	4.01%	3.90%	2.88%
自動車部品	−2.50	4.15	3.89	4.50	4.89	2.98
建設機械	3.55	7.04	6.76	6.09	6.66	6.02
総合電機	−4.09	2.09	1.85	1.55	1.42	0.56
電子部品	−1.44	5.90	7.85	5.59	5.71	4.68
IC製造装置	−37.86	7.43	10.63	9.87	10.70	0.027
電子機器	3.03	8.17	8.60	9.82	9.26	7.77
精密機械	0.30	6.05	5.45	2.92	4.12	3.77
ガラス・土石	0.35	10.78	11.06	8.29	8.31	7.76
医薬品	5.10	13.38	14.49	14.14	12.52	11.93
化学その他（統合事業）	6.11	7.33	6.23	6.30	6.87	6.57
平均						5.00

2006年度が電子機器，2007年度が自動車製造，電子部品，ガラス・土石そして医薬品，2008年度が建設機械，総合電機，精密機械そして化学その他（統合事業）であった。

売上高の激減を反映して，2009年度の売上高純利益は急降下し，とりわけIC製造装置，総合電機，自動車部品，自動車製造そして電子部品では，大幅なマイナスの数値となった。他の業種でも，この年度の数値は，いずれも5年間の最低値となった。

② 総資産純利益率

研究対象11業種は，その総資産を使ってどれくらいの利益を上げたのだろうか（表1-5参照）。全業種の2005年度から2006年度にかけての総資産純利益率の平均は，4.16％であった。

設問④
1．設問③と同じパターンで，問題の所存を考えてみよう。
2．なぜ化学その他（統合事業），建設機械，医薬品で，総資産純利益率の高い数値が継続できたと考えるか？
3．国際化や他のパフォーマンス・ファクターとの関連でも，この問題を検討してみよう。

ここでは，上位に医薬品（5年度間平均7.26％），建設機械（5.69％），化学その他（統合事業）（5.47％），ガラス・土石（5.46％）そして電子機器（4.9％）が位置している。他方，最下位に位置づけられたのは，売上高純利益率とも類似して，総合電機の0.51％であった。

ここでも，数値改善への努力は顕著である。とりわけ，総合電機は，2005年度から2008年度にかけて3年度間，この数値の継続した対前年比改善に励んできた（1.5％～2.24％へ）。2005年度に始まる期間に，2年度間にわたり同様な努力に成功したのは，自動車製造，ガラス・土石，医薬品，建設機械，電子部品，化学その他（統合事業）の6業種である。反対に，自動車部品は，

表 1-5 業種別総資産純利益率の推移

業種＼年度	2009	2008	2007	2006	2005	平均
自動車製造	−1.71%	4.40%	4.68%	4.43%	4.06%	3.17%
自動車部品	−3.05	4.67	4.22	4.95	5.58	3.27
建設機械	3.23	7.07	6.53	5.70	5.90	5.69
総合電機	−4.85	2.24	1.96	1.71	1.50	0.51
電子部品	−3.74	4.89	5.48	3.83	3.71	2.83
IC 製造装置	−17.03	6.83	9.10	8.00	9.33	3.25
電子機器	0.91	5.90	5.36	6.28	6.03	4.90
精密機械	0.23	6.61	5.64	3.13	4.31	3.98
ガラス・土石	−2.10	7.48	8.48	6.88	6.58	5.46
医薬品	4.14	8.10	8.72	8.00	7.32	7.26
化学その他（統合事業）	5.13	6.07	5.00	4.63	6.53	5.47
平均						4.16

2005年度の5.58%から，2007年度の4.22%に至る2年度間この数値の継続した下降を体験した。その他の業種では，総資産純利益率が，年毎に上下動を繰り返している。

11業種にみるこの数値の最高値達成の年度は，自動車部品，IC製造装置，化学その他（統合事業）が2005年度，2006年度が電子機器，2007年度が自動車製造，電子部品，ガラス・土石，医薬品，2008年度が建設機械，総合電機，精密機械と区々に分かれている。

しかし，売上高純利益率と同様，2009年度は，関係業界にとって5年間最悪の年度となった。17.03%という最大のマイナスを残したのはIC製造装置である。それに続いて，総合電機（−4.85%），ガラス・土石（−2.10%）電子部品（−3.74%），自動車部品（−3.05%），そして自動車製造（−1.71%）が相当大きなマイナスの結果を残している。事実，化学その他（統合事業）を除き，この年度には，すべての関係業種が，5年度間最低の数値に悩まされたのである。

(2) 安定性変化の推移

いかに規模は大きく国際化が進み，利益性が高くとも，株主持分の安定性を

欠き，借入金の過大な経営は長続きしない。本章では，経営の安定性に関連した2つの重要なファクター，すなわち「株主持分比率」と，「総資産」に占める「有利子負債比率」を検討してみることにしたい。

① 株主持分比率

設問⑤
1．11業種の株主持分比率に関するアプローチの間には，相当な変化が認められる。なぜか。そしてそれにはどういう意味合いがあるのか。
2．2009年度の不況対策として，若干の業種では，株主持分比率の引上げが行われている。それにはどういうインプリケーションがあるのか。
3．国際化や他のパフォーマンス・ファクターの変化との関連で考えてみよう。

日本の国際化企業も，株主持分比率を向上させ，経営の基盤を固めることには，相当な努力を払っているようである。

検討した11業種でみた，2005年度から2009年度間の平均持分比率は，52.62%であった。各業種毎の詳細については表1-6に示した通りである。

表1-6　業種別株主持分比率の推移

業種 \ 年度	2009	2008	2007	2006	2005	平均
自動車製造	29.50%	33.74%	33.49%	31.70%	30.71%	31.82%
自動車部品	53.62	56.85	56.32	56.73	55.43	55.83
建設機械	39.30	41.17	38.47	36.53	33.83	37.87
総合電機	24.49	29.83	30.31	30.29	27.75	28.70
電子部品	57.86	64.38	62.76	59.30	59.45	60.75
IC製造装置	62.20	64.83	60.60	59.03	53.33	60.00
電子機器	66.13	66.22	65.60	66.28	63.12	65.47
精密機械	49.40	50.05	48.86	45.35	42.58	47.37
ガラス・土石	57.08	57.48	60.52	57.16	57.22	57.89
医薬品	63.25	70.18	75.90	75.62	74.60	71.96
化学その他（統合事業）	63.47	60.17	58.57	58.97	64.87	61.20
平均						52.62

この数値が最も高いのが，医薬品（5年度平均71.96％）であり，それに電子機器，化学その他（統合事業），電子部品，そしてIC製造装置（いずれも60％以上）が続いている。最下位クラスには，総合電機（28.70％），自動車製造（31.82％）そして，建設機械（37.87％）が並ぶ。

自動車製造，建設機械，IC製造装置，精密機械では，2005年度以降2008年度末まで，3年度にわたり毎年継続して株主基盤の強化が行われてきた。類似の持分比率の拡大は，総合電機，電子部品，医薬品，化学その他（統合事業）でも2005年度以降2年度の期間に推進された。残余の3業種では，この数値に関連し，年度毎のアップ＆ダウンが認められる。

この5年度間に，関連業種所属企業の中で最高の株主持分比率が獲得されたのは，化学その他（統合事業）では2005年度，電子機器では2006年度，総合電機，ガラス・土石，医薬品では2007年度であった。残りの6業種で最高値が到達されたのは，すべて2008年度に集中していた。

売上高や，売上高純利益率と同様，世界の大不況は，2009年度の株主持分比率の維持にも大打撃を与えた。まず，11業種すべてで，この数値が下降した。その中でも，2009年度に5年度間の最低値を記録した業種が，自動車製造（29.50％），自動車部品（53.62％），総合電機（24.49％），電子部品（57.86％），ガラス・土石（57.08％），そして医薬品の（63.25％）の6業種に及んだ。

② **有利子負債比率**

かつてトヨタは，無借金の健全な経営基盤を誇ってきた。また今日でも，たとえばファナックのような優良企業に借金はない。しかし，急速な内外活動の拡大を続けたい日本の国際化企業の多くは，より大きく有利子負債に依存する傾向を強めている。

設問⑥
1．有利子負債比率の大小はどういう意味合いをもつのか。
2．化学その他（統合事業）を除き，他の10業種では，2009年度に対前年比有利子負債比率を引上げた。この動きをどう評価するのか。

3．国際化や他のパフォーマンス・ファクター変化との関連で，この問題を再考せよ。

2005年度から2009年度にかけて，11業種にみた有利子負債の総資産に対する割合は，全業種平均で，16.10％であった。各業種毎の数値の詳細については，表1-7に示した。

この数値が低いということは借入が少ないということであり，それだけ経営の安定性は高まると考えられる。

表1-7 業種別有利子負債増減の推移

業種＼年度	2009	2008	2007	2006	2005	平均
自動車製造	37.85％	27.21％	27.40％	27.63％	26.99％	29.42％
自動車部品	18.35	11.61	13.31	11.63	12.68	13.52
建設機械	31.70	23.07	22.50	24.77	29.56	26.32
総合電機	22.09	18.01	17.69	18.995	21.90	19.74
電子部品	19.23	9.35	10.89	12.99	12.76	13.04
IC製造装置	12.80	7.79	6.57	9.24	15.86	10.45
電子機器	8.78	6.27	7.22	9.06	10.60	8.39
精密機械	21.24	16.81	18.03	20.99	24.18	20.25
ガラス・土石	22.72	17.56	14.56	15.46	16.62	17.38
医薬品	13.60	9.08	0.15	0.03	0.06	4.60
化学その他（統合事業）	12.37	12.82	14.07	14.70	16.14	14.02
平均						16.10

5年度間の平均でみて，最も有利子負債比率が低かったのは，医薬品の4.6％である。これに，電子機器の8.39％が続いている。その他の業種の数値は，すべて10％を超えている。反対に，この数値が非常に高く，したがって借入の負担が大きいのが，自動車製造の29.42％，建設機械の26.32％，精密機械の20.25％の3業種であった。

なお，興味深いのは，総合電機で，有利子負債の総資産に占める割合が19.74％に止まっていることである。ここでは，この業種が，すべてのパフォーマンス数値が低い業種でありながら借入率の低いということを注目するべきであ

る。すなわち，そこには，パフォーマンスの悪い業種に対する融資引き締めの効果も反映されているように思う。

　勿論，関連業種の間でも，有利子負債低減への関心は相当に強く現れている。

　2005年度から2008年度までの4年度間に電子機器および精密機械では，この比率の継続した下降傾向が認められた。2005年度から少なくとも2年度間続けて類似の努力の効果が認められた業種には，建設機械，総合電機，IC製造装置，ガラス・土石，医薬品の5業種が含まれている。その他の業種では，借入率に毎年度若干の上下の修正が行われてきた。

　業種別にみて，5年度の期間中この数値が最も低かった年度は，自動車製造で2005年度，医薬品で2006年度，建設機械，総合電機，IC製造装置およびガラス・土石で2007年度，そして自動車部品，電子部品，電子機器，精密機器で2008年度であった。反対に，関係企業の総資産に占める有利子負債利率が最も高く借入金の負担が大きかった年度は，2005年度と不況が深刻化した2009年度に集中している。例外的なのは，化学その他（統合事業）であって，2005年度には16.14%であったのが，2009年度には期間最少値の12.37%を記録している。

(3) 創造性変化の推移

　近年，世界的な変動や不況の中で，それを克服すべく，他人のまねのできないユニークで創造的・革新的な新しい技術・製品（知的財産を含む）の開発への要求が，日本の内・外で盛り上がっている。しかし，何をもって国際化企業の創造性を客観的に判断すれば良いのか。そのための基準は未だに確立されていない。本書では，創造性を生み育てるのに役立つ，研究開発費の売上高に占める割合の増減を，一つの判断の規準とすることにした。

　対象とした11業種の売上の中で研究開発費の占める割合は，平均値で6.11%である。その詳細については，表1-8に表示した通りである。そこにはいくつかの問題点が存在しているように思う。

設問 ⑦

1. なぜ自動車製造をはじめとして，2005年度以来，継続して売上高に対する研究開発費率の低下がみられたのか。
2. 2009年度には，研究開発費比率が11業種すべてで急上昇した。しかし，研究開発のスタートから，競争力ある製品の製販までには，相当な時間が必要である。この点をどう解釈するのか。
3. 他のパフォーマンス・ファクター変化との関連で，問題を再検討せよ。

まず，自動車製造（4.06%），自動車部品（4.86%），建設機械（2.30%），総合電機（5.62%），電子機器（4.26%），ガラス・土石（3.31%）そして化学その他（統合事業）（4.55%）などにおける研究開発費比率の売上に対する割合は，調査対象11業界の平均値を下回っている。業種による事情の違いもいろいろに分かれ，また計算の分母となる売上高規模の違いも考慮すべきではあろうが，いわゆる基幹産業業種における，この数値の低さにはいささか驚かされた。

11業種のうち，IC製造装置だけが，2005年度から2009年度まで継続して，

表1-8 業種別総売上高に対する研究開発費の推移

年度 業種	2009	2008	2007	2006	2005	平均
自動車製造	4.48%	3.81%	3.89%	4.01%	4.12%	4.06%
自動車部品	5.71	4.62	5.22	4.98	3.79	4.86
建設機械	2.32	1.92	2.08	2.42	2.75	2.30
総合電機	5.91	5.37	5.37	5.72	5.71	5.62
電子部品	7.96	6.24	6.20	6.63	6.75	6.75
IC製造装置	16.47	9.89	8.27	7.74	7.44	9.96
電子機器	4.43	3.84	4.03	4.59	4.40	4.26
精密機械	6.60	6.06	5.60	5.36	5.53	5.84
ガラス・土石	3.72	3.12	3.10	3.17	3.43	3.31
医薬品	18.67	18.88	14.66	14.00	12.22	15.69
化学その他（統合事業）	4.80	4.50	4.33	4.53	4.57	4.55
平均						6.11

研究開発費の売上に占める割合を増加させている。医薬品，自動車部品，精密部品でも，このような増加は，2年度間または3年度間継続している。しかし，反対に，自動車製造（2005年度の4.12％から2008年度の3.81％へ），建設機械（2005年度2.75％から2008年度1.92％へ），総合電機（2005年度5.71％から2008年度5.37％へ），そしてガラス・土石（2005年度3.43％から2007年度3.10％へ）では，3〜4年度間にわたってこの数値の継続的な低下傾向が認められた。そこに何か一時的に前回の不況から回復した安心と奢りの影が見えると考えるのは，筆者の単なる杞憂だといえるのであろうか。

2009年度においては，不況への対策のためにか，売上に対する研究開発費の割合が11業種すべてで急上昇し，そのうちの8業種では，5年度間の最高値を記録した。その他，建設機械，電子機器などでも，この数値は，他業種同様上昇したが，5年度間の最高値には及ばなかった。医薬品の場合にはやや減少も認められる。

研究開発投資は，増加された。しか投資とその成果の実現には何年間かの時間的ズレがあるのが常識だ。日本の国際化企業における最近の研究開発費率引上げの努力が，彼らの再生につながって行くことを切望してやまない。

4．11業種の経営パフォーマンス・ファクターの評価

本節では先に説明した筆者の基準（CPIX）(注)によって，2005年度から2009年度にかけての調査対象11業種に対するパフォーマンスの評価の結果を業種別にまとめて説明する。

（注） CPIXの基準については，本書第5章の説明を参照。

(1) 自動車製造

設問⑧

1．自動車製造業種におけるパフォーマンス評価結果を検討せよ。

① 何が問題で，そこでは
② 何をすることが必要なのか。
2．規模の利益は十分活かされてきたのか。

　自動車製造業種の経営パフォーマンスの5年度間各年度および期間平均の評価は，表1-9に示す通りである。

表1-9　自動車製造業のパフォーマンス・ファクター評価

PF 年度	規模	ROS	ROA	持株	利息	R&D	総計
2009	5	0	0	2	2	1	10
2008	5	1	3	2	3	1	15
2007	5	1	3	2	4	1	16
2006	5	1	3	2	3	1	15
2005	5	1	3	2	3	1	15
平均	5	0.8	2.4	2	3	1	14.2

（注）規模は総売上高規模，ROSは売上高純利益率，ROAは総資産純利益率，持株は株主持分比率，利息は有利子負債比率，R&Dは売上に対する研究開発費の割合，総計は上記6数値の合計を表す。ここでは，練習のためパフォーマンス評価値については，CPIX評価値を用いた。評価の詳細については，第2および第3章を参照。なお正確な規模については，次章表2-5および表2-6を参照。

① 5年度間を通じた総合評価の数値は，14.2ポイントであった。年度別に全体評価を分析すると，最高の16ポイントが2007年度，最低の10ポイントが2009年度であり，残りの年度は15ポイントであった。
② この業種に所属する企業規模は，5年度を通じて平均で最大の5ポイントであった。
③ 利益性については，売上高純利益率が，1ポイント，総資産利益率は3ポイント，と比較的低調である。それが，2009年度には，共に0ポイントと急落している（5年度平均では，前者が0.8ポイント，後者が2.4ポイント）。
④ 安全性比率でみても，株主持分比率は2ポイントと低く，有利子負債比率は，2007年度が最高で4ポイント，他の3年度は3ポイント，そして2009年度には2ポイントとやや抑制気味である。

⑤　売上に対する研究開発費の割合は5年度間を通じて1ポイントと低調である。

(2) 自動車部品

設問 ⑨

1．自動車部品業種におけるパフォーマンス評価結果を検討せよ。
   ① 何が問題で，そこでは
   ② 何をすることが必要なのか。

表1-10　自動車部品のパフォーマンス・ファクター評価

PF 年度	規模	ROS	ROA	持株	利息	R&D	総計
2009	4	0	0	3	4	2	13
2008	4	1	3	3	4	1	16
2007	4	1	3	3	4	2	17
2006	4	1	3	3	4	1	16
2005	4	1	4	3	4	1	17
平均	4	0.8	2.6	3	4	1.4	15.8

① 5年度間を通じたCPIX評価の数値は，15.8ポイントで，自動車製造と比べて，1.6ポイント高い。これを，年度別に分類すると，2005年度と2007年度が17で最高である。2008年度と2006年度の間の2年度は，いずれも16ポイントであった。これが不況時の2009年度になると13ポイントに下降する。
② 自動車部品関連企業の平均売上高規模は，4ポイントと自動車製造と比べて1ポイント低い。
③ 利益性ファクターを見ると，ここでは5年度平均で売上高純利益では自動車製造と同一であるが，総資産純利益では2.6ポイントと自動車製造に比べ0.2ポイント高くなっている。これは2005年度に4ポイントと，1ポイント高くなっていることが寄与したものと思われる。
④ 安全性比率について，株主持分比率では，3ポイントと自動車製造と比べ

1ポイント高くなっている。しかし，有利子負債では，4ポイントと自動車製造に比べて1ポイント高くなっており，それだけ借入の少ないことを物語っている。

⑤ 他方，創造性（研究開発費の売上に対する割合）からみると，自動車部品の期間平均は，1.4ポイントと自動車製造の1ポイントを補っているようにも見える。

(3) 建設機械

設問 ⑩
1. 建設機械業種におけるパフォーマンス評価結果を検討せよ。
   ① 何が問題で，そこでは
   ② 何をすることが必要なのか。

表 1-11　建設機械のパフォーマンス・ファクター評価

PF 年度	規模	ROS	ROA	持株	利息	R&D	総計
2009	4	1	3	2	3	1	14
2008	4	2	4	2	4	1	17
2007	4	2	4	2	4	1	17
2006	4	2	4	2	4	1	17
2005	3	2	4	2	3	1	15
平均	3.8	1.8	3.8	2	3.6	1	16

① 5年度間を通じた総合評価は，16ポイントである。
② 売上高規模は，2005年度の3ポイントに始まり，それが2006年度には4ポイントに上昇して，2009年度に至っている。
③ 建設機械の利益性は，売上高純利益率が1.8ポイントそして総資産純利益率が3.8ポイントと，自動車製造や自動車部品に比べて，やや優位に立っている。ひとつは，建設機械の売上高純利益率が，2006年度から2008年度まで3年度間，2ポイントと大きく，かつ資産の有効利用を示す総資産純利益

率が，2005年以来4ポイントと，相当に高く推移したことによるものと思われる。
④　ただし，安定性比率に関しては，株主持分比率で2ポイント（自動車製造が2ポイント，自動車部品が3ポイント）と比較的低位にある。また有利子負債比率も，5年度間平均で3.6ポイントであった（自動車製造の3ポイントより借入は多いが，この数字は，自動車部品の4ポイントより低い。）
⑤　創造性数値は1ポイントであり，自動車製造と同じだが，自動車部品の1.4ポイントよりも低い。建設機械は，利益性ではやや前述の自動車製造や自動車部品に優るが，安定性からみると，やや劣り，それが，16という比較的に低い全体評価をもたらしたものと思われる。

(4) 総合電機

設問 ⑪
1. 総合電機業種におけるパフォーマンス評価結果を検討せよ。
2. 何が問題か。
3. なぜ規模の利益が活用されていないのか。
4. 何をすることが必要か。

①　総合電機の5年度間総合評価は，15ポイントと，自動車製造の14.2ポイントより0.8ポイント高い。
②　しかし，この業種は，利益性が，売上高純利益費で平均0.6ポイントそして総資産純利益率で1.6ポイントとたださえ低い自動車製造と比べても低位にある。この業種にとって，それはなぜかという疑問を抱かせる。
③　この答えは，どうも総合電機の安定性が，自動車製造に比べて株主持分比率では1.8ポイントと0.2ポイント劣るものの，利息付負債が4ポイント（自動車の場合は3ポイント）と，やや優位に立っていることにもあるものと思われる。
④　この他，売上に対する研究開発費の割合からみても，総合電機の平均2ポ

イントというのは，自動車製造の1ポイントに優っている。

表1-12　総合電機のパフォーマンス・ファクター評価

PF 年度	規模	ROS	ROA	持株	利息	R&D	総計
2009	5	0	0	1	4	2	12
2008	5	1	2	2	4	2	16
2007	5	1	2	2	4	2	16
2006	5	1	2	2	4	2	16
2005	5	0	2	2	4	2	15
平均	5	0.6	1.6	1.8	4	2	15

(5) 電子部品

設問⑫
1．なぜ電子部品業種パフォーマンス評価結果は，全体的にみて総合電機のそれよりも高いのか。
2．電子部品業種の問題とは何か。
3．何をすることが必要か。

① 売上規模からいって，電子部品関連企業の規模は，5年度間を通じて3ポイント（5,000億円以上1兆円未満）と総合電機5ポイント（平均5兆円以上）と比べて小規模である。それにもかかわらず，パフォーマンスの5年度間平均数値では16.4ポイントと総合電機に対し1.4ポイントの優位性を示している。

② 利益性からみると，この業種の2009年度の評価は，総合電機と同じく0ポイントである。しかし，2005年度以来，2008年度に至るまで電子部品の利益性は，売上高純利益率および総資産純利益率において，総合電機に対して，共に約1ポイント（1.6ポイント対0.6ポイントおよび2.6ポイント対1.6ポイント）の優位を示している。

③ 安全性比率の中の株主持分比率では，3ポイント（総合電機では1.8ポイ

ント)で，優位に立ち，借入の方では4.2ポイント（4ポイント）とやや劣位に立っている。双方を勘案して，総合電機よりも，安定性がより大であるといえるとも考えられる。
④ 創造性指数は，共に2ポイントと拮抗している。
⑤ しかし総合平均でみると，2009年度は12ポイントと総合電機と同様であったが，その前の4年度間には，2005年度および2006年度の17ポイントに始まり，2007年度および2008年度18ポイントと総合電機よりも高く，しかも年々改善された数値を示してきた。

ここで，自動車部品と電子部品のパフォーマンス評価の結果を，重要な製品受注元の自動車製造および総合電機の結果と比較してみた。その結果，筆者は次のような印象を受けた。
ⓐ 自動車部品や電子部品の自動車製造や総合電機への依存度は強い。
ⓑ 依存度が大である故に，自動車部品や電子部品の安定性に対する関心度は高い。電子部品の場合には，総合電機と研究開発費の割合が同一である。これに対して，自動車部品では，自動車製造に比べて，売上に対する研究開発費の割合が高い。これは，自動車製造が，研究開発費の一部を，関係部品サプライヤーに委託していることを示唆するものではなかろうか。

表1-13 電子部品のパフォーマンス・ファクター評価

年度 PF	規模	ROS	ROA	持株	利息	R&D	総計
2009	3	0	0	3	4	2	12
2008	3	2	3	3	5	2	18
2007	3	2	4	3	4	2	18
2006	3	2	3	3	4	2	17
2005	3	2	3	3	4	2	17
平均	3	1.6	2.6	3	4.2	2	16.4

(6) IC 製造装置

設問 ⑬
1．IC 製造装置業種のパフォーマンス評価結果を検討せよ。
   ① 何が問題か。
   ② 何をすることが必要か。
   ③ 近年にみる大幅なパフォーマンス評価値の下落にかかわらず，この業種がともかく 5 年度間平均で高い総合パフォーマンス・レベルを維持し，存続に成功している理由とは何か。

　IC 製造装置に所属する 3 つの企業は，元来規模はさほど大きくはないが，非常に利益性の高い企業であった。それが，2009 年度には，大不況に見舞われ，3 社のうち 2 社の利益性が大きなマイナス（1 社は売上高純利益が，−17.4 ポイント，もう 1 社は，−97.7 ポイント）となり，将来が心配されている。
① しかし，この業種に所属する企業の利益性は，2007 年度までは売上利益が 3 ポイント，資産利益が 4 ポイントというように，非常に高かった。（5 年度平均では，2 ポイントと 3.2 ポイント）。
② 株主持分比率は，調査期間を通じて 3 ポイントと安定していた。有利子負債の方も 4 ポイントから 5 ポイントと借入が非常に少なかったことを示している。
③ 研究開発費も，4 年度間を通じて 2 ポイントと比較的高かったのだが，不況に対応するためか，2009 年度には，4 ポイントへと倍増されている。
④ この業種の 2005 年度から 2009 年度までの総合的な平均パフォーマンス数値は，17.2 と調査対象 11 業種のなかでも 3 番目に高かった。（18 ポイントもしくは 19 ポイント）。しかし，この数値は 2009 年度には，利益性の大幅な赤字化を反映して，13 ポイントにまで後退している。
⑤ この業種は，過去における高い利益性と，安定性の上に立ち，ともかくも当面の破綻は免れたかにみえる。研究開発費も強化した。しかし，過去の成

果の蓄積には限界がある。また強化した研究開発が実るのには，継続的な成果と時間とが必要だ。いかに再活性化の途を切り開いていくのか，赤字幅の大きかった所属2社の経営には，相当な問題が残されているといえよう。

表1-14 IC製造装置企業のパフォーマンス・ファクター評価

PF 年度	規模	ROS	ROA	持株	利息	R&D	総計
2009	2	0	0	3	4	4	13
2008	2	2	4	3	5	2	18
2007	2	3	4	3	5	2	19
2006	2	2	4	3	5	2	18
2005	2	3	4	3	4	2	18
平均	2	2	3.2	3	4.6	2.4	17.2

(7) 電子機器

設問 ⑭
1．電子機器業種におけるパフォーマンス評価値を検討せよ。
2．この業界にみる安定性ファクターと創造性ファクターの重要性につき考察せよ。
3．これからどうすればよいのか。

① 電子機器業界の5年度間平均パフォーマンス評価値は，16.4ポイントであった。2005年度の16ポイントに始まり，この数値は，着実に上昇し，2008年度には18ポイントとなった。しかし，不況の影響を受け，2009年度の評価値は14ポイントまで下降している。
② この業種に所属する企業の平均的な売上高規模は，2007年度までは2ポイントにとどまっていた。それが，2008年度以降は，1ポイント上がって3ポイントとなった。
③ 2008年度まで，この業種は，2ポイントの売上高純利益率，そして4ポイントの総資産利益率を維持してきた。それが，2009年度には2つ共，1ポ

イントに急落している。それが，総合評価値で，2008年度の18ポイントから，2009年度の14ポイントに下降した最大の原因だと考えられる。
④　電子機器業種の安定性数値は高く，安定している。株主持分比率は，5年度間を通じて3ポイントを維持し，有利子負債比率も，2005年度の4ポイントを除き，2009年度まで4年度間5ポイントを維持してきた。
⑤　売上高に対する研究開発費の割合は，意外に低く，5年度間を通じて1ポイントに止まってきた。

表1-15　電子機器のパフォーマンス・ファクター評価

年度＼PF	規模	ROS	ROA	持株	利息	R&D	総計
2009	3	1	1	3	5	1	14
2008	3	2	4	3	5	1	18
2007	2	2	4	3	5	1	17
2006	2	2	4	3	5	1	17
2005	2	2	4	3	4	1	16
平均	2.4	1.8	3.4	3	4.8	1	16.4

(8)　**精密機械**

設問⑮
1．電子機器業種で採用したのと類似のアングルから，精密機械業界におけるパフォーマンス評価値を検討せよ。
2．この業界の国際舞台における復権を企てるためには，何をすることが必要か。

①　この業種の平均経営規模は，5年度間を通じて4ポイントであった。
②　利益性は比較的低い。売上高純利益率は，2005年度から2006年度までは1ポイント，そして2007年度と2008年度は2ポイントであった。しかし，不況の来襲と共に2009年度には0ポイントに下降している。総資産純利益率は，2005年度に3ポイントで始まったものが，2007年度までには4ポイン

トまで上昇していた。しかしこれも2009年度には1ポイントに低下している。
③ 安定性に関して，有利子負債の方は，5年度間4ポイントで安定し，借入も少ない。しかし，株主持分比率の方は，やや低調であり，2008年度の3ポイントを除き，残余の年度は2ポイントにとどまっている。
④ 研究開発費の売上に対する割合は，比較的高く，5年度間を通じ，2ポイントであった。

5年度間の平均総合値は16.4ポイントであった。これも2005年度の16ポイントに始まり，2008年度には19ポイントに到達したのだが，2009年度には，利益性の減少にともない，13ポイントまで下降している。

表1-16 精密機械のパフォーマンス・ファクター評価

PF 年度	規模	ROS	ROA	持株	利息	R&D	総計
2009	4	0	1	2	4	2	13
2008	4	2	4	3	4	2	19
2007	4	2	4	2	4	2	18
2006	4	1	3	2	4	2	16
2005	4	1	3	2	4	2	16
平均	4	1.2	3	2.2	4	2	16.4

(9) ガラス・土石

設問⑯
1．比較的地味な性格にもかかわらず，ガラス・土石業種のパフォーマンスが，比較的に高いのはなぜか。
2．この業種の安定性，資産運用の努力を評価せよ。
3．これからこの業種は何をすべきか。

① 経営規模は平均して主として3ポイントの中堅企業タイプである。
② 2008年度末で，ガラス・土石業種の利益性は，比較的に高かった。売上高純利益率は，2005年度と2006年度には2ポイントであったが，続く2007

年度と 2008 年度には 3 ポイントに上昇した。総資産純利益率も，2005 年度から 2008 年度まで 4 年度間，4 ポイントのレベルを維持してきた。しかし，ここでも不況の影響は大きく，2 つの指標共に，2009 年度には 0 ポイントに後退している。
③ 安定性は抜群である。5 年度を通じて，株主持分比率は 3 ポイントを，有利負債比率は 4 ポイントを維持してきた。
④ 売上に対する研究開発比率は，比較的低く，5 年度間を通じて 1 ポイントにとどまった。
⑤ ガラス・土石業種の総合評価の 5 年度平均値は，16.2 ポイントと相対的に高かった。2005 年度と 2006 年度には 17 ポイント，2007 年度と 2008 年度には 18 ポイントであった。しかしこの評価値は，2009 年度にみた利益性ファクター 0 ポイントへの下落を反映し，2009 年度には 11 ポイントへと急減している。

表 1-17 ガラス・土石のパフォーマンス・ファクター評価

PF 年度	規模	ROS	ROA	持株	利息	R&D	総計
2009	3	0	0	3	4	1	11
2008	3	3	4	3	4	1	18
2007	3	3	4	3	4	1	18
2006	3	2	4	3	4	1	17
2005	3	2	4	3	4	1	17
平均	3	2	3.2	3	4	1	16.2

⑽ 医薬品

設問 ⑰
1．なぜ医薬品業種のパフォーマンス評価値は，11 業種中最高なのか。
2．将来に向かい，この業種には，成熟化のワナと，規模の大きくなる事から，効率の低下，そして創造性の限界も待ち受けているように思う。
3．こうした将来の問題に対して，医薬品業界はいかに対応すればよいと考えるのか。

① 医薬品業種の5年度間平均評価値は，21ポイントと11業種中最高である。2005年度には21ポイントであったが，2006年度には22ポイントへと上昇した。この評価値は2007年度には再び21ポイントに後退したのだが，2008年度には，22ポイントに返り咲いている。しかし，この業種も，2009年度には，不況にともなう，売上高純利益率および資産純利益率の低下，そして有利負債の増加という，マイナスの影響を受けた。この結果，2009年度の総合評価値は，3ポイント後退して19ポイントへと低下した。
② 業界平均の企業規模は，中堅企業の3ポイントである。
③ 利益性からみると，2005年度から2008年度では，4年間連続して，売上高純利益率が3ポイント，そして総資産純利益率が4ポイントという，ハイレベルの利益性を維持してきた。しかし，2009年度には，前者が3ポイントから2ポイントへ後者が4ポイントから3ポイントへと後退している。
④ 安全性比率のうち，株主持分比率は，4ポイントであった2006年度を除き，5年度中4年度にわたり，3ポイントを維持してきた。有利子負債比率も，2005年度から2008年度にかけては，ほとんど借入のない5ポイントを維持してきたが，2009年度には，それが4ポイントへと低下している。
⑤ 医薬品業種において，売上に対する研究開発費の割合は，11業種中，3ポイントから4ポイントと最高のレベルを持している。（5年度間平均で3.4）。

表1-18　医薬品のパフォーマンス・ファクター評価

PF 年度	規模	ROS	ROA	持株	利息	R&D	総計
2009	3	2	3	3	4	4	19
2008	3	3	4	3	5	4	22
2007	3	3	4	3	5	3	21
2006	3	3	4	4	5	3	22
2005	3	3	4	3	5	3	21
平均	3	2.8	3.8	3.2	4.8	3.4	21

⑾ 化学・その他（統合事業）

設問⑱
1. 伝統的な産業に属しながら，化学その他（統合事業）が，医薬品に次ぐ高いパフォーマンス・レベルを維持してきた理由とは何か。
2. 今後いかなるパフォーマンス改善の途が望まれるのか。

「化学その他（統合事業）」に分類される企業の経営には，元来，化学，フィルム，化粧品など，伝統的な産業に属するものが多かった。しかし，このカテゴリーに入った企業は，進取の気性に富み，新業種に多角化を図り，またM&Aによって業容を革新したものが少なくなかった。

① 売上規模からみると，平均して4ポイントの大企業に所属している。
② 利益性をみても，5年度間を通じて，売上高純利益では2ポイントそして総資本純利益率でも4ポイント（ただし，2006年度には3ポイント）を維持してきた。
③ 安定性の観点からみても，株主持分比率は3ポイント，そして有利子負債比率も，2005年度には5ポイント，その後2009年度までは4ポイントという極めて健全な状態を保ってきた。
④ 売上高に対する研究開発費の比率は，比較的低く，1ポイントのレベルにとどまっている。

表1-19 化学その他（統合事業）のパフォーマンス・ファクター評価

PF 年度	規模	ROS	ROA	持株	利息	R&D	総計
2009	4	2	4	3	4	1	18
2008	4	2	4	3	4	1	18
2007	4	2	4	3	4	1	18
2006	4	2	3	3	4	1	17
2005	4	2	4	3	5	1	19
平均	4	2	3.8	3	4.2	1	18

⑤ 以上の結果，総合的パフォーマンス評価でも5年度間平均して18ポイントと，11業種中，医薬品に次ぐ高い評価をかち得ている。

表1-20には，以上11業種の5年度間平均パフォーマンス・ファクター評価値をまとめ，総合評価の高いものから順序に紹介する。

表1-20　業種別パフォーマンス・ファクター評価のまとめ

PF 年度	総計	規模	ROS	ROA	持株	利息	R&D
医薬品	21	3	2.8	3.8	3.2	4.8	3.4
化学その他	18	4	2	3.8	3	4.2	1
IC製造装置	17.2	2	2	3.2	3	4.6	2.4
電子機器	16.4	2.4	1.8	3.4	3	4.8	1
精密機械	16.4	4	1.2	3	2.2	4	2
電子部品	16.4	3	1.6	2.6	3	4.2	2
ガラス・土石	16.2	3	2	3.2	3	4	1
建設機械	16	3.8	1.8	3.8	2	3.6	1
自動車部品	15.8	4	0.8	2.6	3	4	1.4
総合電機	15	5	0.6	1.6	1.8	4	2
自動車製造	14.2	5	0.8	2.4	2	3	1

第2章
研究対象66社の選択基準，売上高および国際化度の実態と分析

1．本章の目的と編成

　本章の目的は，次章に予定する日本の国際化企業66社にみる経営パフォーマンス・ファクター（利益性，安定性，そして創造性）の具体的な分析に先立って，①いかなる規準によって，調査対象66社を選んだのか，②5年度間の調査期間中，66社にみた売上高規模，国際化の実態について，前提的な解明を行うのを志向するものである。

2．66社の選択基準

① 2005年度から2009年度にかけての5年度間にみる売上高の平均値が，原則として1,000億円を超えており，
② 海外売上高の全体の売上高に対する割合（国際化率）が，20％以上[1]の企業である。また，66社の所属する業種は，前章の場合と同じ，11業種である。各業種に含まれる具体的な企業名については，表2-1を参照

　なお，筆者は，この11業種66社の外にも，三菱自動車，資生堂，キッコーマン等，本研究の対象となるべき条件を備えた企業が存在することを知っている[2]。さらに11という業種制限を外せば，まだまだ調査対象企業の数は増加するはずだ。

表 2-1　66 社の内訳

①自動車製造　8 社	トヨタ，日産，ホンダ，スズキ，マツダ，いすゞ，富士重工，ヤマハ発動機
②自動車部品　6 社	デンソー，ブリヂストン，ショーワ，サンデン，アルパイン，シマノ
③建設機械　3 社	コマツ，クボタ，日立建機
④総合電機　8 社	日立，パナソニック，ソニー，東芝，NEC，富士通，三菱電機，シャープ
⑤電子部品　8 社	京セラ，TDK，ローム，アルプス電気，ミツミ電機，日本電産，村田製作所，エルピーダ・メモリ
⑥IC 製造装置　3 社	大日本スクリーン，アドバンテスト，東京エレクトロン
⑦電子機器　9 社	ファナック，オムロン，任天堂，マキタ，マブチモーター，日立マクセル，富士通ゼネラル，船井電機，カシオ計算機
⑧精密機械　8 社	キヤノン，リコー，ヤマハ楽器，セイコーエプソン，コニカミノルタ，ブラザー，ニコン，ミネベア
⑨ガラス・土石　5 社	旭硝子，日本電気硝子，HOYA，日本ガイシ，日本特殊陶業
⑩医薬品　5 社	武田，第一三共，エーザイ，アステラス，テルモ
⑪化学その他（総合事業）[3]　3 社	富士フイルム，信越化学，花王

　あえてそれを避けたのは，筆者が，自己の能力不足は否めないとしても，分析対象企業およびそのデータの継続性を重視[4]したからである。

　この点，筆者も将来的に向かっては，研究対象となる業種の範囲を拡大し，分析する企業数を増やしていくことが，ぜひとも必要と考えている。

設問

1. 調査対象とした 66 社の選択規準についてどう考えるのか？
2. 新しい業種・企業を追加するとして，どの業種・企業をどんな順序で追加して行くことが有意義だと考えるのか？
3. 国際化企業経営において「国際化とパフォーマンス」を検討する場合，データの連続性にはどのような意義を見出すのか？

   以上 1 から 3 の課題に対し，当否を考える場合，なぜ，そうしてどういう規準でそう考えるのか，説明せよ。

3．66社の売上高の解明と分析

(1) 売上高規模のもつ意味

　国際化企業にとって，売上高規模（経営規模）の大小のもつ意味は，極めて重要である。すなわち売上高や，それが生み出す利益が大きければ大きいほど，それだけ企業の経営基盤が確立し，利益性，安定性，そして創造性といった他の経営パフォーマンス・ファクターへの資源配分が，強化され，経営の運用がより有効になると考えられるからである。この他の意味あいについては，第3章以下でより詳しく論じたいと思う。

設問①
1．国際化企業にとって，売上高規模，経営規模の大小は，いかなる意味合いをもつのか。
2．売上高規模の大小と経営パフォーマンス評価との関係性を考えよ。
3．規模の優位性が十分発揮できないケースも少なくない。何が原因か。これからどうすれば良いのか。

(2) 2005年度から2009年度の期間にみた総売上高の趨勢（売上高ランキング）

ⓐ　2005年度から2008年度の期間は，調査対象66社中大部分の企業にとって，毎年対前年度対比が増加するという，大変素晴らしい期間であった。なお，この期間に対前年比マイナスを出した企業の数は次のように限られていた。
　(イ)　自動車製造　　0。
　(ロ)　自動車部品　2006年度のサンデンとシマノの2社。

(ハ) 建設機械　0。
(ニ) 総合電機　パナソニック，NEC，三菱電機の3社。パナソニックは2008年度，NECは2007年度から3年度間，そして三菱電機は2006年度に売上高の対前年度額マイナスを体験している。
(ホ) 電子部品　4社。2007年度にローム，2007～2008年度に連続して減収になったアルプス電気，2008年度のミツミ電気，そして2008年度のエルピーダメモリがこれに当たる。
(ヘ) IC製造装置　2社。2006年度および，2008年度の大日本スクリーン，そして2007年度以来マイナスを継続したアルパイン。
(ト) 電子機器　3社。2006年度の任天堂，2007年度の日立マクセル，そして2006年度および2008年度の船井電機。
(チ) 精密機械　3社。2008年度のヤマハ楽器，2007年度以来マイナスが継続したセイコーエプソン，そして2007年度のコニカミノルタ。
(リ) ガラス・土石　1社。2006年度の日本電気硝子。
(ヌ) 医薬品　1社。2008年度のエーザイ。
(ル) 統合事業　0。

ⓑ 表2-2では，66社の総売上高ランキングを大きさの順序に並べた。表記については，2005年度から2009年度にかけての年間平均売上高を用いた。

ⓒ しかし，2009年度の世界大不況は，日本の国際化企業にも大打撃を与えた。すなわち，表2-3で示すように，66社中61社は，対前年比で相当な減収を体験した。しかし，このような逆調にもかかわらず，この年度にもシマノ，任天堂，武田，エーザイそして船井電機（リストラの特殊事情によるものと考えられる）の5社だけは，対前年度比で売上高を増加させたのが注目される。

ⓓ 世界不況がいかに大きく66社の売上に影響を及ぼしたのか。それを一表にまとめて提示したのが，表2-3である。

表 2-2　66 社の売上高規模ランキング（2005 年度から 2009 年度間年平均）

順位	社名	売上高(兆円)	順位	社名	売上高(億円)
①	トヨタ	22	㉜	第一三共	8,830
②	ホンダ	10	㉝	アステラス	8,370
③	日立	10	㉞	ニコン	8,060
④	日産	9.5	㉟	TDK	7,810
⑤	パナソニック	8.7	㊱	東京エレクトロン	7,190
⑥	ソニー	7.9	㊲	日立建機	7,010
⑦	東芝	6.7	㊳	オムロン	6,720
	（以上 超大型企業7社）		㊴	エーザイ	6,650
⑧	富士通	5	㊵	アルプス電気	6,580
⑨	NEC	4.6	㊶	日本電産	6,020
⑩	キヤノン	3.9	㊷	カシオ計算機	5,800
⑪	三菱電機	3.8	㊸	村田製作所	5,280
⑫	デンソー	3.3	㊹	ブラザー	5,260
⑬	マツダ	2.98	㊺	ヤマハ楽器	5,250
⑭	スズキ	2.96		（以上 中堅企業14社）	
⑮	シャープ	2.95	㊻	ファナック	3,970
⑯	ブリヂストン	2.94	㊼	HOYA	3,960
⑰	富士フイルム	2.65	㊽	ローム	3,520
⑱	リコー	2.01	㊾	船井電機	3,440
⑲	コマツ	1.86	㊿	エルピーダメモリ	3,350
⑳	いすゞ	1.62	51	日本電気硝子	3,290
㉑	旭硝子	1.56	52	ミネベア	3,070
㉒	富士重工	1.49	53	日本特殊陶業	3,020
㉓	ヤマハ発動機	1.47	53	日本ガイシ	3,020
㉔	セイコーエプソン	1.38	55	テルモ	2,730
㉕	武田	1.31	56	マキタ	2,680
㉖	京セラ	1.29	57	大日本スクリーン	2,630
㉗	信越化学	1.19	58	ミツミ電機	2,620
㉘	花王	1.15	59	ショーワ	2,600
㉙	任天堂	1.10	60	サンデン	2,380
㉚	クボタ	1.085	61	アルパイン	2,350
㉛	コニカミノルタ	1.037	62	アドバンテスト	1,980
	（以上 大型24社）		63	日立マクセル	1,980
			64	シマノ	1,910
			65	富士通ゼネラル	1,900
				（以上 中堅20社）	
			66	マブチモーター	98.8
				（以上 小型1社）	

表 2-3　66 社にみる 2008 年度から 2009 年度にかけての売上高増減の実態

社名	売上高の増減	社名	売上高の増減
トヨタ	－57,596億円	大日本スクリーン	－608億円
日産	－23,872 〃	アドバンテスト	－1,061 〃
ホンダ	－19,916 〃	東京エレクトロン	－3,980 〃
スズキ	－4,975 〃	ファナック	－801 〃
マツダ	－9,399 〃	オムロン	－1,358 〃
いすゞ	－5,001 〃	任天堂	＋1,662 〃
富士重工	－1,265 〃	マキタ	－486 〃
ヤマハ発動機	－1,528 〃	マブチモーター	－150 〃
デンソー	－8,824 〃	日立マクセル	－367 〃
ブリヂストン	－1,558 〃	富士通ゼネラル	－356 〃
ショーワ	－119 〃	船井電機	＋256 〃
サンデン	－470 〃	カシオ計算機	－1,051 〃
アルパイン	－554 〃	キヤノン	－3,871 〃
シマノ	＋233 〃	リコー	－1,282 〃
コマツ	－2,153 〃	ヤマハ楽器	－896 〃
クボタ	－471 〃	セイコーエプソン	－2,253 〃
日立建機	－1,963 〃	コニカミノルタ	－1,238 〃
日立	－12,263 〃	ブラザー	－842 〃
パナソニック	－13,035 〃	ニコン	－761 〃
ソニー	－11,414 〃	ミネベア	－782 〃
東芝	－10,136 〃	旭硝子	－2,055 〃
NEC	－4,020 〃	日本電気硝子	－326 〃
富士通	－6,379 〃	HOYA	－274 〃
三菱電機	－3,847 〃	日本ガイシ	－917 〃
シャープ	－5,705 〃	日本特殊陶業	－534 〃
京セラ	－1,618 〃	武田	＋1,635 〃
TDK	－1,389 〃	第一三共	－380 〃
ローム	－563 〃	エーザイ	＋474 〃
アルプス電気	－1,537 〃	アステラス	－69 〃
ミツミ電機	－542 〃	テルモ	－37 〃
日本電産	－1,286 〃	富士フイルム	－4,125 〃
村田製作所	－1,078 〃	信越化学	－1,756 〃
エルピーダメモリ	－745 〃	花王	－422 〃

(3) 売上高規模のカテゴリー別区分けと関連した企業数の概要

売上高規模は、力だといっても、そのひとつひとつの意味合いや、他のパフォーマンス・ファクターとのかかわり合いは、その所属する業種や規模の大小により異なってくるはずだ。

本項では、売上高規模を、次の5業種に分け、各カテゴリーに含まれる企業数とその業種を検討することにしたい。

カテゴリー1　売上高5兆円以上（超大型企業）
カテゴリー2　1兆円以上5兆円未満（大型企業）
カテゴリー3　5,000億円以上1兆円未満（中堅企業）
カテゴリー4　1,000億円以上5,000億円未満（中型企業）
カテゴリー5　1,000億円未満の特殊なケース（小企業）

次に、表2-4には、5つの売上高カテゴリー別に該当する企業数を示した。なお、業種と売上高規模との詳細な関連については、さらに表2-5で説明した。カテゴリー間移動は、これまた限られたケースであったことが分かる。

① カテゴリー1　－超大型企業が存在するのは、自動車製造業（トヨタ、ホンダ、日産）の3社と、総合電機（日立、パナソニック、ソニーの3社および2007年度から2008年度にかけての富士通、合計4社）の2業種に限られている。メガ企業を支えるためには、いかに大きな売上規模で設備投資を支えることが必要であったのかが理解できる。

表2-4　売上高カテゴリー別該当企業の企業数

カテゴリー		2009年度	2008年度	2007年度	2006年度	2005年度
1	超大型企業	7社	8社	8社	7社	7社
2	大型企業	23社	23社	22社	22社	22社
3	中堅企業	13社	14社	15社	15社	11社
4	中型企業	21社	21社	21社	21社	25社
5	小型企業	2社		1社	1社	

② カテゴリー2 －大型企業が多い業界は，①の自動車製造業（5社），総合電機（3社又は4社），建設機械（コマツ，クボタの2社），自動車部品（デンソー，ブリヂストンの2社），精密機械（キヤノン，リコー，セイコーエプソン，そして2008年度までのコニカミノルタの4社），化学その他（統合事業）3社（富士フイルム，信越化学，花王）などである。この他，それぞれ所属する業種のリーダー格である，旭硝子（ガラス・土石），京セラ（電子部品），任天堂（電子機器），そして医薬品（武田）などもこのカテゴリーに含まれている。5年度期間中にこのカテゴリーに該当した企業数は，22社から23社へと僅増している（詳細については表2-5参照）。

③ カテゴリー3 －中堅企業のカテゴリーに相当する企業数は，2005年度には11社であった。それが2006〜2007年度には15社へと増加した。しかし，その数は，2008年度には14社，そして2009年度には13社へと減少している。（表2-4参照）これに所属する企業には，TDK，オムロン，日本電産，村田製作所，エーザイ，アステラス，第一三共，ニコン，ブラザーなどが含まれている。

④ カテゴリー4 －中型企業のカテゴリーには，2005年度には25社が所属していた。しかし2006年度以来若干減少し，2009年度まで21社のレベルを保っている（表2-5参照）。減少した企業には，中堅企業の規模にレベルアップした企業も少なくない（たとえば，村田製作所，任天堂，マブチモーター，ブラザー，アステラス，花王など）（表2-5参照）。このカテゴリーの中には，上記の5企業の外，たとえばシマノ，ローム，ファナック，HOYA，日本ガイシなど，元気で優秀な会社が数多く含まれている。

⑤ カテゴリー5 －2009年度において，例外的にリストへの登録を認めた2社とは，マブチモーターとアルパインである。5年度間にみた，優れた国際活動に注目してこの研究対象リストに追加した。

⑥ 2009年度をとりあげてみると，5つの規模カテゴリーの中で，所属する企業数が最も多いのは，大型企業（66社中の23社・35％）であり，これに中型企業（同21社・32％），中堅企業（同13社・20％），超大型企業（同7社・11％），そして小型企業（同2社・3％）が続いていることが分かる（表2-4参照）。

第2章 研究対象66社の選択基準，売上高および国際化度の実態と分析　39

表2-5　売上高規模と業種の関係

業種 / 年度	2009	2008	2007	2006	2005
自動車製造					
超大型	3社	3社	3社	3社	3社
大型	5社	5社	5社	5社	5社
自動車部品					
大型	2社	2社	2社	2社	2社
中型	4社	4社	4社	4社	4社
建設機械					
大型	2社	2社	2社	2社	2社
中堅	1社	1社	1社	1社	
中型					1社 日立建機
総合電機					
超大型	4社	5社	5社	4社	4社
大型	4社 富士通	3社	3社	4社 富士通	4社
電子部品					
大型	1社	1社	1社	1社	1社
中堅	4社	4社	4社	3社	2社 TDK アルプス
中型	3社	3社	3社	4社 村田製作所	5社 日本電産
IC製造装置					
中堅	1社	1社	1社	1社	1社
中型	1社	2社	2社	2社	2社
小型	1社 アドバンテスト				
電子機器					
大型	1社	1社	任天堂		
中堅	2社	2社	3社	3社	3社
中型	5社	6社	6社	5社	5社
小型	1社	マブチモーター	マブチモーター	1社	1社
精密機械					
大型	3社	4社	4社	4社	2社
中堅	コニカミノルタ 2社	3社	3社	3社	
中型	ブラザー ヤマハ3社	1社	1社	1社	2社 ブラザー
ガラス・土石					
大型	1社	1社	1社	1社	1社
中型	4社	4社	4社	4社	4社
医薬品					
大型	1社	1社	1社	1社	1社
中堅	3社	3社	3社	3社	2社
中型	1社	1社	1社	2社 アステラス	
化学その他（統合事業）					
大型	3社	3社	3社	2社	2社
中堅				1社 花王	

（注）↓↑はカテゴリー間移動の主なものを示した。

(4) 66社売上高規模のパフォーマンス・ファクター評価値

本書で研究対象とした66社の売上高規模に関するパフォーマンス・ファクターとしての評価値は，表2-6の通りである。

表2-6 売上高規模のパフォーマンス・ファクター評価値

企業名	年度	2009	2008	2007	2006	2005	平均
①	5点（5兆円以上）						
1	トヨタ	5	5	5	5	5	5
2	ホンダ	5	5	5	5	5	5
3	日立	5	5	5	5	5	5
4	日産	5	5	5	5	5	5
5	パナソニック	5	5	5	5	5	5
6	ソニー	5	5	5	5	5	5
7	東芝	5	5	5	5	5	5
8	富士通	4	5	5	4	4	4.4
②	4点（1兆円以上5兆円未満）						
9	NEC	4	4	4	4	4	4
10	キヤノン	4	4	4	4	4	4
11	三菱電機	4	4	4	4	4	4
12	デンソー	4	4	4	4	4	4
13	マツダ	4	4	4	4	4	4
14	スズキ	4	4	4	4	4	4
15	シャープ	4	4	4	4	4	4
16	ブリヂストン	4	4	4	4	4	4
17	富士フイルム	4	4	4	4	4	4
18	リコー	4	4	4	4	4	4
19	コマツ	4	4	4	4	4	4
20	いすゞ	4	4	4	4	4	4
21	旭硝子	4	4	4	4	4	4
22	富士重工	4	4	4	4	4	4
23	ヤマハ発動機	4	4	4	4	4	4
24	セイコーエプソン	4	4	4	4	4	4
25	武田	4	4	4	4	4	4
26	京セラ	4	4	4	4	4	4
27	信越化学	4	4	4	4	3	3.8
28	花王	4	4	4	3	3	3.6
29	任天堂	4	4	3	3	3	3.4
30	クボタ	4	4	4	4	3	3.8
31	コニカミノルタ	3	4	4	4	4	3.8

企業名	年度	2009	2008	2007	2006	2005	平均
③	3点（5,000億円以上1兆円未満）						
32	第一三共	3	3	3	3	3	3
33	アステラス	3	3	3	3	3	3
34	ニコン	3	3	3	3	3	3
35	TDK	3	3	3	3	3	3
36	東京エレクトロン	3	3	3	3	3	3
37	日立建機	3	3	3	3	2	3
38	オムロン	3	3	3	3	3	3
39	エーザイ	3	3	3	3	3	3
40	アルプス電気	3	3	3	3	3	3
41	日本電産	3	3	3	3	3	3
42	カシオ計算機	3	3	3	3	3	3
43	村田製作所	3	3	3	4	4	3.4
44	ブラザー	4	3	3	3	4	3.4
45	ヤマハ楽器	2	3	3	3	3	2.8
④	2点（1,000億円以上5,000億円未満）						
46	ファナック	2	2	2	2	2	2
47	HOYA	2	2	2	2	2	2
48	ローム	2	2	2	2	2	2
49	船井電機	2	2	2	2	2	2
50	エルピーダメモリー	2	2	2	2	2	2
51	日本電気硝子	2	2	2	2	2	2
52	ミネベア	2	2	2	2	2	2
53	日本特殊陶業	2	2	2	2	2	2
54	日本ガイシ	2	2	2	2	2	2
55	テルモ	2	2	2	2	2	2
56	マキタ	2	2	2	2	2	2
57	大日本スクリーン	2	2	2	2	2	2
58	ミツミ電機	2	2	2	2	2	2
59	ショーワ	2	2	2	2	2	2
60	サンデン	2	2	2	2	2	2
61	アルパイン	2	2	2	2	2	2
62	アドバンテスト	1	2	2	2	2	1.8
63	日立マクセル	2	2	2	2	2	2
64	富士通ゼネラル	2	2	2	2	2	2
65	シマノ	2	2	2	2	2	2
⑤	1点（1,000億円未満）						
66	マブチモーター	1	2	2	1	1	1.4

(注) 平均年度売上高では、アドバンテストも ⑤ に入る。
※本表は表2-2売上高ランキングの順序による。

4．66 社にみる国際展開の実態

(1) 国際化率ランキング

多くの日本の国際化企業は，売上高に対する海外売上高比率（国際化率）の拡大に極めて熱心である。

表 2-7 には，調査対象とした 66 社の国際化率のランキングを掲げた。この各社ランキング算出の基礎となったのは，2005 年度から 2009 年度にかけて，5 年の期間を通じた国際化率の平均値である。

(2) 企業の国際化度別社数の分布

企業の国際化度別社数の分布を一表にまとめたのが，表 2-8 である。

設問 ②
　日本企業の実際からみて最適な国際化率のレベルとは，どの当たりと考えるのか。なぜか。

表 2-8 からわかることは，次の通りである。

わが国の国際化企業のうち，所属する社数が最も多いのは，海外売上高比率 60％台の 17 社から 20 社というカテゴリーである。

これに続く第 2 位が 70％台の 12 社から16 社である。そして第 3 位は 2005 年度の 7 社から 2009 年度の 12 社に増加した 80％台以上の 7 社から 12 社である。

第 4 位は，40％台の 6 社から 13 社であるが，このカテゴリーに所属する会社の数は 2007 年度以来減少の傾向にある。

第 5 位は，5 社から 11 社の 50％台であるが，この方は近年やや増加の傾向を示している。

第2章 研究対象66社の選択基準，売上高および国際化度の実態と分析　43

表 2-7　国際化率のランキング

順位	社名	国際化率	順位	社名	国際化率
1	マブチモーター	(88.6)	34	ファナック	(65.2)
2	ヤマハ発動機	(88.4)	35	日立マクセル	(62.5)
2	船井電機	(88.4)	36	東京エレクトロン	(62)
4	シマノ	(86)	37	ショーワ	(61.8)
5	アルパイン	(84.8)	38	富士重工	(61.4)
6	ホンダ	(84.2)	39	旭硝子	(61)
7	マキタ	(82.8)	40	エルピーダメモリ	(60.6)
8	ブラザー	(80.4)	41	いすゞ	(60.4)
9	日本特殊陶業	(79.6)	42	ローム	(60.2)
10	TDK	(79.2)	43	京セラ	(60)
11	日産	(77.6)	44	エーザイ	(59)
12	キヤノン	(76.6)	45	HOYA	(54.8)
13	任天堂	(76)	46	富士フィルム	(52)
13	ニコン	(76)	47	シャープ	(51.2)
15	ミネベア	(75)	47	リコー	(51.2)
16	アルプス電気	(74)	49	ミツミ電機	(50.2)
17	ソニー	(73.8)	50	武田	(49.4)
17	村田製作所	(73.8)	51	東芝	(48.6)
19	ブリヂストン	(73.6)	52	デンソー	(48)
20	トヨタ	(72.8)	53	パナソニック（松下）	(47.2)
21	マツダ	(72.6)	54	オムロン	(46.4)
21	コマツ	(72.6)	54	ヤマハ楽器	(46.4)
23	コニカミノルタ	(72)	56	アステラス	(45)
24	アドバンテスト	(69.8)	57	クボタ	(44.2)
25	日立建機	(69.6)	57	日本ガイシ	(44.2)
26	サンデン	(69.2)	59	カシオ計算機	(44)
27	日本電産	(68.2)	60	テルモ	(43.2)
28	スズキ	(67.4)	61	日立	(39.6)
29	セイコーエプソン	(67.2)	62	第一三共	(38.6)
30	信越化学	(66.6)	63	富士通	(33.4)
31	富士通ゼネラル	(66.4)	64	三菱電機	(31.2)
32	日本電気硝子	(66)	65	花王	(28)
33	大日本スクリーン	(65.4)	66	NEC	(25.6)

　第6位は，2009年度3社の30%台であるが，この数は2005年度の8社以来2社から3社へと大きく減少している。

表 2-8　企業の国際化度別分布

年度 国際比率	2009	2008	2007	2006	2005	5年度間 平均順	順位
	社	社	社	社	社		
80%以上	12	12	10	8	7	9.8	③
79−70%	12	16	13	14	13	13.6	②
69−60%	19	17	20	19	17	18.4	①
59−50%	10	11	5	6	8	8	⑤
49−40%	8	6	13	12	11	10	④
39−30%	3	2	3	4	8	4	⑥
29−20%	2	2	2	3	2	2.2	⑦

　第7位は，20%台の主に2つの会社（花王とNEC）であるが，その数は低位で安定している。

　筆者が，国際化チャンピオン企業と呼び，他と区別する海外売上高50%以上の条件を満たす企業数が全体の66社に占める割合は，2005年度の68.2%から順増し，2006年度71%，2007年度72.2%，そして2008年度には84.8%となった。しかしこの数値は，不況の2009年度には80%にまで低下している。

(3) 売上高規模別国際化率の分布

　ここでは，該当企業数を離れ，研究対象66社について国際化の進行度を，売上高規模の大小の区別を中心として一表にまとめたのが表2-9である。規模別の企業ベースで，国際化度進展の全体図を把握するのに役立つと思う。

設問③
　　　企業別国際化率の大小を，売上高規模と業種別の違いを念頭に検討せよ。

　売上高規模の大小は，国際化と経営パフォーマンスの関係性に対しても，有意な影響をもつものと筆者は考える。ここでは，これまでの検討を基礎に，超大型企業（売上高5兆円以上），大型企業（1兆円以上5兆円未満）24社，中堅企業（5,000億円以上1兆円未満）13社，中型企業（1,000億円以上5,000億

表 2-9　規模別国際化率分布

規模別分数	国際化度	66社中のカテゴリー別割合	国際化度順位
超大型企業（7社）	63.29%	10.6%	③
大型企業（24社）	57.97%	36.36%	⑤
中堅企業（13社）	60.17%	19.70%	④
中型企業（20社）	67.36%	30%	②
小型企業（2社）	79.2%	3%	①

円未満）20社そして特殊な事例として国際化の成功で有名な2社の小型企業（1,000億円前後）に分けて，国際化の進展度を確かめてみた。その業種別との関係をも考慮した内容については表2-10に詳しいが，全体をよりよく把握しやすくするため，さらに規模各々の2005年度から2009年度にかけての平均値を表2-9にまとめておいた。

　国際化度の進展度は，いわゆる特殊な小型企業（2社79.2%）は別として，① 中型企業67.36%，② 超大型企業63.29%，③ 中堅企業60.17%，そして，④ 大型企業が57.97%の順序であることがわかる。

　業種別にみた関係各社を業種別に区別し，さらにその中で売上高の大きさの順序に並べ，5つのカテゴリー所属企業の国際化率を示したのが表2-10である。

　個別企業の国際化率を，業種の違いを意識しながら，売上高規模との関連で，より明確にしようと努力したものである。

表 2-10　企業規模別の国際化率（5年度間平均）*

(A) 超大型企業（7社）			
自動車製造（3社）		総合電機（4社）	
ホンダ	84.2	ソニー	73.8
日産	77.6	東芝	48.6
トヨタ	72.8	松下パナソニック	47.2
（平均	78.5）	日立	39.6
		（平均	53.75）
全7社平均　64.37			

(B) 大型企業（平均24社）					
自動車製造（5社）		建設機械（2社）		精密機械（4社）	
ヤマハ	88.4	コマツ	72.6	キヤノン	76.6
マツダ	72.6	クボタ	44.2	コニカミノルタ	72
スズキ	67.4	（平均	58.4）	セイコーエプソン	67.2
富士重工	61.4	総合電機（4社）		リコー	51.2
いすゞ	60.4	シャープ	51.2	（平均	66.75）
（平均	70）	富士通	33.4	ガラス・土石（1社）	
自動車部品（2社）		三菱電機	31.2	旭硝子	61
ブリヂストン	73.6	NEC	25.6	医薬品（1社）	
デンソー	48	（平均	39.35）	武田	49.4
（平均	60.8）	電子部品（1社）		化学・その他（統合事業）（3社）	
		京セラ	60	信越化学	66.6
		電子機器（1社）		富士フイルム	52
		任天堂	76	花王	28
				（平均	48.9）
		全24社平均　57.92			

(C) 中堅企業（14社）					
建設機械（1社）		電子機器（2社）		精密機械（3社）	
日立建機	69.6	オムロン	46.4	ブラザー	80.4
電子部品（3社）		カシオ計算機	44	ニコン	76
TDK	79.2	（平均	45.2）	ヤマハ楽器	46.4
アルプス電気	74	IC製造装置（1社）		（平均	67.6）
村田製作所	73.8	東京エレクトロン	62	医薬品（3社）	
日本電産	68.2			エーザイ	59
（平均	73.8）			アステラス	45
				第一三共	38.6
				（平均	47.5）
		全14社平均　61.6			

(D) 中型企業（20社）					
自動車部品（4社）		IC製造装置（2社）		精密機械（1社）	
シマノ	86	大日本スクリーン	65.4	ミネベア	75
アルパイン	84.8	アドバンテスト	69.8	ガラス・土石（4社）	
サンデン	69.2	（平均	67.6）	日本特殊陶業	79.6
ショーワ	61.8	電子機器（5社）		日本電気硝子	66
（平均	75.45）	船井電機	88.4	HOYA	54.8
電子部品（3社）		マキタ	82.8	日本ガイシ	44.2
エルピーダメモリ	60.6	富士通ゼネラル	66.4	（平均	61.15）
ローム	60.2	ファナック	65.2	医薬品（1社）	
ミツミ電機	50.2	日立マクセル	62.5	テルモ	43.2
（平均	57）	（平均	73.06）		
		全20社平均　66.8			

(E) その他（小型企業）（1社）	
電子機器	
マブチ・モーター	88.6
平均　88.6	

＊表2-9と表2-10との間では，平均値の数値に多少の違いが認められる。さらなる整理が必要であろう。

(4) 業種別区分に従う66社の国際化率の検討

66社全体および関係業種中のランキングが分かったとして，次に問題となるのは，調査対象11業種にみた所属企業別の国際化の実態である。所属する業種が違えば，国際化の事情や程度も異なると考えたからである。

① 自動車製造業

設問 ④

　　自動車製造業における5年度間の国際化度の変動，理由そして妥当性を検討せよ。

この業種に所属する企業は，極めて大型の企業であり，同時に最も国際化度の進展した企業である（表2-11参照）。

2005年度から2008年度に至るまで，自動車製造企業の国際化率の進展は目覚ましかった。

マツダ（2005年度の69％から2009年度の76％へ），そして富士重工（57％から65％）の2社は，5年度期間全体と通じ，毎年度継続して対前年度比国際化率を向上させて来た。この他，ホンダ（2005年度の80％から2008年度の

表2-11　自動車製造企業の国際化率

企業名＼年度	2009	2008	2007	2006	2005	平均値
トヨタ	74	77	74	71	68	72.8
日産	76	80	77	75	80	77.6
ホンダ	86	87	85	83	80	84.2
マツダ	76	75	73	70	69	72.6
スズキ	68	72	69	66	62	67.4
いすゞ	63	66	58	57	58	60.4
富士重工	65	65	61	59	57	61.4
ヤマハ発動機	89	90	88	87	88	88.4
平均	74.63	76.5	73.13	71	70.25	73.1

87%へ），日産（75%から80%へ），トヨタ（68%から77%へ），そしてスズキ（62%から72%へ）も4年度間を継続して国際化率を上昇させている。しかし，この4社の場合，この上昇傾向は2009年度に中断され，共に対前年比率を低下させている。他方，いすゞとヤマハの国際化率には，5年度間に若干の上下動が認められる。この間において，いすゞの2008年度の国際化率が，対前年比で8％という大幅な伸長を見せたことは，注目に値するものと思う。

② 自動車部品

設問 ⑤

1．自動車部品業種における5年度間の国際化度の変動，理由，そして妥当性を検討せよ。
2．自動車製造業の国際化度の動きと比較して何がいえるのか。
3．シマノの独走の秘訣はどこにあると考えるのか。

表2-12　自動車部品企業の国際化率

企業名＼年度	2009	2008	2007	2006	2005	平均値
デンソー	49	51	48	47	45	48
ブリヂストン	76	76	74	72	70	73.6
ショーワ	63	64	62	61	59	61.8
サンデン	66	73	70	69	68	69.2
アルパイン	85	87	86	85	81	84.8
シマノ	88	87	85	85	85	86
平均	71.17	73	70.83	69.83	68	70.57

　自動車部品業種企業の売上高規模は，大型2社と，中型4社に分かれていた。この業界に所属する企業の国際化率も自動車製造企業に牽引され，毎年拡大するものが多かった。ブリヂストンおよびシマノでは，国際化率の上昇に，5年度間を通じた継続があった。他方類似の上昇傾向を続けたデンソー，アルパインおよびショーワでは，不況の影響を受けた2009年度には，国際化率の1～2％の下降が認められた。残余のサンデンの国際化率は，2006年度には，＋1％，2009年度には－7％と，他社に比べ若干不規則な動きを示している。

③ 建設機械

設問 ⑥
1. 建設機械業種における国際化率の変動を検討せよ。
2. コマツとクボタの間にみる国際化へのアプローチの違いは，どう理解すべきか。後述のパフォーマンス・ファクターとの関連についても検討せよ。

建設機械業種では，2社が大企業，1社は中堅企業のカテゴリーに属する。
この業種の大型企業2社，コマツとクボタは，5年度間を通じ，毎年着実な国際化率の上昇（コマツが，64%から78%へ，そしてクボタが35%から50%へ）を見せた。

他方，日立建機は，やや弱含みの国際化率増加の途を辿ってきたが，2007年度には，対前年比6%という大幅拡大を示した。しかし，翌2009年度には，対前年比3%マイナスという5年度期間中，初の国際化率下降を体験している。

表 2-13　建設機械企業の国際化率

企業名＼年度	2009	2008	2007	2006	2005	平均値
コマツ	78	78	74	69	64	72.6
クボタ	50	50	46	40	35	44.2
日立建機	71	74	68	68	67	69.6
平均	66.33	67.33	62.67	59	55.33	62.13

④ 総合電機

設問 ⑦
1. ソニーを除き，総合電機8社の国際化のおくれは，何に由来するものと考えるのか。ソニーと他の8社にみる優劣について論ぜよ。
2. 将来に向かい，総合電機8社の国際化への姿勢は如何にあるべきか。何をすればよいのか。

この業種に所属する企業は，4社の超大型，そして4社の大型企業から構成されている。総合電機8社の国際化率5年度間の平均は，43.83%であり，かつての日本の国際化の旗手の面影はない。

この業種に所属する企業の中では，シャープ社のみが，5年度間を通した国際化率の拡大を維持した。

他の6社（日立，パナソニック，ソニー，東芝，富士通，三菱電機）では，国際化率の継続的な対前年比増加は，2005年度から2008年度の4年間で終わった。

総合電機8社の中で，一社特別なのは，NECにみる国際化率の動きである。それは，2005年度の27%に始まり，翌年度には28%にまで増加したのだが，以来毎年度前年度対比1～3%マイナスで進み，2009年度には，22%にまで低下した。

表2-14 総合電機企業の国際化率

企業名 \ 年度	2009	2008	2007	2006	2005	平均値
日立	41	42	41	38	36	39.6
松下　パナソニック	47	50	44	48	47	47.2
ソニー	76	77	74	71	71	73.8
東芝	51	52	49	47	44	48.6
NEC	22	25	26	28	27	25.6
富士通	32	36	36	33	30	33.4
三菱電機	32	34	31	29	30	31.2
シャープ	54	53	51	50	48	51.2
平均	44.38	46.13	44	43	41.63	43.83

⑤ 電子部品

設問 ⑧

1．電子部品業種各社と総合電機および自動車製造業との関係を考察せよ。
2．TDKおよび村田製作所は，2009年度にも国際化率を引き上げている。その妥当性を問う。

電子部品業種の企業は，大型企業1社（京セラ―大企業）は別として，4社の中堅企業そして3社の中型企業から構成されている。電子部品企業は，自動車部品企業よりも，メインたる総合電機そして海外売上高への依存度がやや低位（70.57％対65.78％）な企業グループであると考える。

この業種に属する企業の中で，2005年度から2009年度まで5年度間に，毎年度継続して国際化率を増加させたのは，TDK（72％から84％へ）と村田製作所（68％から78％へ）の2社のみであった。2008年度まで4年度間，国際化率の増加を維持した企業に，京セラ（60％～61％），ローム（56％～63％），そして日本電産（64％～71％）がある。しかしこの3社の国際化率上昇は，2008年度で停止し，2009年度には2～3％の低下に向かっている。

他方，アルプス電気の国際化は，同じ5年度間により頻繁な上下動を繰り返している。ミツミ電機も同様である。この2社は，2006年度以来，共に毎年国際化率のレベルを低下させて現在に至っている。なお，2007年度にみたミツミ電機の対前年比12％の低下は注目に値するものである。

最後に，エルピーダメモリにおける国際化率の上下動の大きさには驚かされた。2006年度には－10％，2007年度には＋16％，2008年度には－4％，そして2009年度には＋8％という具合だ。この会社における経営の不安定性と，業界競争の急激な変化が，このような結果を招いたのだと考える。

表2-15　電子部品企業の国際化率

企業名＼年度	2009	2008	2007	2006	2005	平均値
京セラ	58	61	61	60	60	60
TDK	84	82	80	78	72	79.2
ローム	61	63	61	60	56	60.2
アルプス電気	71	72	75	77	75	74
ミツミ電機	39	45	48	60	59	50.2
日本電産	68	71	69	69	64	68.2
村田製作所	78	75	75	73	68	73.8
エルピーダメモリ	69	61	65	49	59	60.6
平均	66	66.25	66.75	65.75	64.13	65.78

⑥ IC製造装置

設問 ⑨

　　IC製造装置3社に国際化率維持の方針はあるのか。何か雑然としたものが感じられる。なぜか。後述の他のパフォーマンス・ファクターとの関連も考えて検討せよ。

　この分野に所属する企業は，規模からいって，中堅1社，中型2社の比較的小規模で，国際化比率も60％台の先端技術に頼る企業群である。この3社は，いずれも世界でもトップランクに立つ有力な半導体製造装置製品をもつ企業である。大日本スクリーンはウエハ洗浄装置，アドバンテストは，半導体実験装置，そして東京エレクトロンは，半導体製造装置を主力製品としている。しかし，この業種では，製品サイクルの短縮化，海外メーカーとの価格競争が熾烈化を極め，売上，利益と海外売上高比率の対前年レベルを維持することが，決して容易ではなかったようである。年度毎の上下動も激しい。

　大日本スクリーンは，ともかくこの5年度間に，国際化比率を，65％から67％へと向上させた。これには，2007年度にみた5％のプラスが大きく貢献したものと思われる。

　しかし，アドバンテストと，東京エレクトロンについては，前者は2006年度に－7％，そして後者は2009年度に－5％という国際化比率の対前年度比大幅減退を体験した。このため，2005年度以来の5年度間をとってみても，アドバンテストは，75％から68％へ，そして東京エレクトロンは，63％から59％へと，それぞれ，相当大きく国際化比率を後退させている。

表2-16　IC製造装置企業の国際化率

企業名＼年度	2009	2008	2007	2006	2005	平均値
大日本スクリーン	67	66	67	62	65	65.4
アドバンテスト	68	69	69	68	75	69.8
東京エレクトロン	59	64	63	61	63	62
平均	64.67	66.33	66.33	63.67	67.67	65.73

⑦ 電子機器

設問 ⑩

世界市場をリードする電子機器業種所属企業の国際化に対するフレキシブルな姿勢について論ぜよ。

表 2-17　電子機器企業の国際化率

企業名 \ 年度	2009	2008	2007	2006	2005	平均値
マキタ	84	85	83	82	80	82.8
マブチモーター	88	90	89	88	88	88.6
日立マクセル	59	64	64	64	62	62.5
富士通ゼネラル	64	72	66	65	65	66.4
船井電機	88	85	90	89	90	88.4
カシオ計算機	48	47	44	41	40	44
ファナック	69	68	65	64	62	65.6
オムロン	50	52	47	43	40	46.4
任天堂	88	81	67	69	75	76
平均	70.89	71.55	68.33	67.22	66.89	68.97

電子機器業種には，ファナック（ロボット製造設備），マキタ（電動工具）そしてマブチモーター（小型モーター）など，世界市場でも最有力な製品を持ち，グローバルな市場をリードしてきた有力な企業が多く含まれている。

この業種に関連した任天堂（国際化率 76％）は大型企業で特別であるが，他の 8 社は，いずれも中堅，中型そしてマブチモーターは小型企業のカテゴリーに含まれている。この中で，5 年度間平均で最も国際化率が高いのは，小型企業マブチモーターの 88.6％である。大型企業の任天堂は 76％である。他方，中型企業 5 社（船井電機，マキタ，富士通ゼネラル，ファナックそして日立マクセル）の平均国際化率（73.13％）の方が，より大きな中堅企業 2 社（オムロンとカシオ計算機）のそれ（45.2％）よりも上位にあることが面白い。

全体で 9 社の中で，ファナックは，調査対象の 5 年度間を通じて，毎年継続して国際化率を，62％から 69％へと拡大してきた。同様に 5 年度間を通じて，国際化率を向上させてきた企業にカシオ計算機がある。（40％から 48％へ）

これと平行して，マキタ，マブチモーター，そしてオムロンは，2005年度から2008年度まで，4年度間，継続して対前年対比の国際化率を増加させてきた。しかし，この3社は，2009年度には不況に反応し，国際化率を1〜2％と引き下げている。

以上と対比する時，日立マクセルと富士通ゼネラルにみる国際化率向上の動きはより緩慢であった。この2社は，2009年の不況時に際して，国際化率を5％そして8％と大きく減少させている。さらに注目すべきは，この2社の2009年度の国際化度数値が，共に2005年度のそれを下回っていることであろう。

興味深いのは，ゲーム機の雄，任天堂における国際化度の推移である。この会社は，2005年度の75％に始まり，2006年度にはそれから－6％，2007年度には－2％と相当大きく海外売上高を低下させた。しかし，2008年度そして2009年度には，それぞれ＋14％そして＋7％と国際化率を急増させている。その結果，任天堂の国際化率は，5年度の間に，75％から88％へと大きく拡大した。

この他船井電機にみた国際化率推移の過程も面白い。この会社は主として海外で生産したフィリップス・ブランドの製品を，北米などで販売するというユニークな戦略を展開してきた。2005年度には，海外売上高比率も90％と他社を圧倒していた。それが，2008年度には－5％と国際化比率を急減させた。5年度間の期間を通してみても，前後で2％のマイナスを残す結果になった。

⑧　**精密機械**

設問 ⑪

かつて国際化の先達といわれた精密機械業種における国際化のレベルは高い。2009年度における不況にもかかわらず，キヤノン，コニカミノルタ，ブラザーは，2008年度の国際化レベルを維持した。リコーとニコンに至っては，若干レベルを上げている。このような動きをどう評価するのか。他のパフォーマンス・ファクターとの関連も考慮に入れて検討せよ。

精密機械には，いわゆる国際化の先兵といわれた企業が数多く存在し，業種平均国際化率も 68.1％と高い。

キヤノン（2005 年度の 70％から 2009 年度の 79％へ），リコー（46％から 55％へ），コニカミノルタ（71％から 73％へ）の 3 社は，5 年度期間を通じて，毎年度継続して国際化率を向上させてきた。

他方，ヤマハ楽器，ブラザーそしてニコンについては，毎年若干の上下動が認められていたが，5 年度間通期では，2005 年と比べ，8％，8％および 6％と，それぞれ国際化の幅を広げている。

問題が残ると思われるのは，セイコーエプソンとミネベアである。セイコーエプソンは，2006 年度の 69％を頂点として，以来国際化率が減少に向かい，2009 年度には 67％となった。

ミネベアの国際化率には，2 年度各に若干の上下動がある。ハイポイントは，2008 年度の 77％と 2005 年度の 75％であった。

この業種に所属する企業の 5 年度間年度平均値は，68.1％であり，11 業種の中でも相当高いレベルを保っている。

表 2-18　精密機械企業の国際化率

企業名＼年度	2009	2008	2007	2006	2005	平均値
キヤノン	79	79	78	77	70	76.6
リコー	55	54	52	49	46	51.2
ヤマハ楽器	49	50	47	45	41	46.4
セイコーエプソン	67	68	68	69	64	67.2
コニカミノルタ	73	73	72	71	71	72
ブラザー	83	83	80	81	75	80.4
ニコン	81	73	75	76	75	76
ミネベア	76	77	74	75	73	75
平均	70.38	69.63	68.25	67.88	64.38	68.1

⑨　ガラス・土石

設問 ⑫

　　ガラス・土石という長い歴史を持つ業種の所属企業にみた殻を破った国

際化への姿勢を検討し評価せよ。他のパフォーマンス・ファクターの推移との関連をも考慮する必要がある。

　この分野の国際化をリードしてきたのは，HOYA（2005年度46％から2009年度63％へ）とガイシ世界一の日本ガイシ（35％から52％へ）の2社である。この2社は5年度期間を通じ，毎年着実に国際化率を向上させて今日に至っている。この他，旭硝子や日本特殊陶業についても，2005年度から2008年度まで，4年度間国際化率の継続した増加が認められた。
　業種全体の国際化率5年度間平均は，61.12であり，相当に高い水準にある。日本には長い瀬戸物製造の歴史があり，それは明治開国以来，重要な輸出製品であった。今日のガラス・土石業種にも，その伝統に支えられた国際化に対する前向きの姿勢が垣間見られるように思う。

表2-19　ガラス・土石企業の国際化率

企業名＼年度	2009	2008	2007	2006	2005	平均値
旭硝子	61	63	62	60	59	61
日本電気硝子	69	68	62	63	68	66
HOYA	63	61	54	50	46	54.8
日本ガイシ	52	49	46	39	35	44.2
日本特殊陶業	80	81	81	78	78	79.6
平均	65	64.4	61	58	57.2	61.12

　なお，日本電気硝子の国際化率だけは，2006年度－5％，2007年度－1％，2008年度＋6％と相当大きく国際化率のレベルを上下動させてきた。海外からの競争，薄型テレビ販売のサイクルが，この上下動に影響を与えているように思う。しかし，この会社も，2008年度には＋6そして2009年度には＋1と，再び国際化率増強の動きを示しているようにみえる。この会社の5年度間通期の国際化は，2005年度の68％から2009年度の69％へと1％若干の改善を見せている。

⑩ 医薬品

設問⑬

1. 高い経営パフォーマンス評価値にかかわらず，医薬品業種の国際化度は低位にある。なぜか。
2. 現状を打破し，さらに国際化度を拡大する手がかりとは何か。
    ① 経営規模の拡大
    ② 研究開発。新製品の開発など
    ③ 経営成長のパラダイム変化

医薬品業種各社の5年度間平均国際化率は，47.04％と11業種中最低である。これは，戦後の日本で，多くの医薬品会社が，外資企業のライセンス製品の製剤，国内市場向けの販売に頼り，自由な海外活動を制限されてきたことによるものと考えられる。

しかし，この業種でも，自前の新製品を開発し，海外に拡販し，国際化比率を高めようとする動きが盛んになってきた。

武田（2005年度の43％から2009年度の60％へ）や第一三共（37％から44％）は，4又は5年度間を通じて継続的に国際化比率を向上させてきた。この点，武田が，2009年度に，国際化率を，対前年比で9％伸ばしたことは，大きな前進であったと考える。

他方，エーザイ，アステラス，そしてテルモも国際化への強い関心と努力とを示している。この3社は，不況の影響を受けた2009年度こそ，共に対前年比－1％と若干国際化率を下げるというものの，この年度を除く，他の3又は4年度間には，着実に国際化率を高めている。

ただし，一つ気になることがある。それは，武田を除く医薬品4社で，近年対前年比国際化度が向上幅を減少させ始めるという傾向がでてきたことである。

なぜか，筆者は，医薬品業種の国際化度に，一つの上昇サイクルの終わりが近づいているようにも思えて心配である。

表 2-20　医薬品企業の国際化率

企業名＼年度	2009	2008	2007	2006	2005	平均値
武田	60	51	49	44	43	49.4
第一三共	44	41	38	33	37	38.6
エーザイ	61	62	61	57	54	59
アステラス	49	50	49	45	32	45
テルモ	46	47	45	40	38	43.2
平均	52	50.2	48.4	43.8	40.8	47.04

⑪　化学その他（統合事業）

設問 ⑭

　化学その他（統合事業）は，少なくとも国内的には立派な成長成果をあげている。しかし，国際化度の進展ということにもなると，それ程ではない。将来国内的な成功を，更なる国際的展開に結びつけて行くためには，何をすることが必要か。

化学その他（統合事業）の業種には，国際化，多角化そして M&A に熱心で，元気の良い大型企業が集まっている。

表 2-21　化学その他（統合事業）企業の国際化率

企業名＼年度	2009	2008	2007	2006	2005	平均値
富士フイルム	53	56	53	50	48	52
信越化学	62	68	69	67	67	66.6
花王	28	29	27	29	27	28
平均	47.67	51	49.67	48.67	47.33	48.87

　未だこの業種に所属する企業の国際化率の 5 年度間の平均レベルは，48.87 にとどまっている。しかし，いずれも実力のある企業だけに，将来のさらなる国際展開が期待される。

　まず，富士フイルムと信越化学は，2005 年度から 2008 年度まで，毎年 2 ％又は 3 ％と国際化率を向上させてきた。しかし両者とも，2009 年度の不況には抗しえず，国際化率を対前年度比で，富士フイルムでは－ 3 ％，信越化学で

は－6％と，相当大きく後退させている。

　次に花王においては，国際化率の拡大年度（2006年度および2008年度）そして縮小年度（2007年度および2009年度）が，交互している。

　この3社の5年度期始めと終わりの国際化度を比較してみた。その結果は，富士フイルムが＋5％，信越化学が－5％そして花王が＋1％であることがわかった。

注
(1)　5年前の研究では，国際化率の下限が25％であった。しかし今回の研究では諸事情の変化に鑑み，この下限を5％引き下げることとした。
(2)　そもそもこのタイプの研究を始めたのは，米国で研究をしていた5年以上以前である。そのとき（2004年度）三菱自動車，キッコーマンおよび資生堂は，国際化率が25％を割るか，純損失があったために，調査対象から外したものである。
(3)　この3社は，いずれも積極的なM&Aなどにより，各社の伝統的な業種を越えたダイナミックな経営を展開しており，統合事業体と呼ぶのにふさわしいと考える。
(4)　2004～2005年以来，筆者の目的は，1990年代初期にまで関係したデータを遡り，そこから経営の中期的トレンドとサイクル，そしてその中における「国際化と経営パフォーマンスの関係性」を発見することにあった。そのためには，新しい分析対象の性急な追加の前に，中長期の継続性を重視することが大切と考えた。

第3章
個別企業の利益性，安全性，創造性のパフォーマンスの評価と分析

■ 本章の目的

前章においては，国際化企業の経営パフォーマンス・ファクターのうち，売上高規模と国際化度との関係について検討した。本章の目的は，売上高規模を除く利益性，安全性，そして創造性ファクターの評価値について，個別企業別に分析を進めることである。

なお，リストアップした数値の下には，○付きの数字（1から5）を付記した。これは筆者の考案したパフォーマンス各ファクター評価基準（まえがき表1を参照）に従う評価値をあらわしたものである。

本章の内容は，パフォーマンス評価値の客観的な提示である。これをどのように解釈し，活用するのか。それは読者の自由な判断に任されている。実証研究の課題だ。このような考え方から，本章では，設問を付さず，もっぱら業種別に区別した，各節の短評にとどめることとした。

(1) 自動車製造企業

短評－昇龍の勢いであった日本の自動車製造企業も，2008年度以降大きな発展の壁にぶつかった。世界不況により，売上と利益が激減し，経営が大幅な赤字となったからである。彼らはそれに対して，有利子負債を積み上げ，研究開発費支出の拡大によって対抗しようとしている。しかし，戦略上，思い切った，そして速やかなパラダイム・チェ

ンジが必要となるだろう。

① **利益性**

(a) **売上高純利益率**（表 3-1）

調査対象5年度期間の平均で、一番売上高純利益率の高いのは、トヨタ（4.81）であり、これにホンダ（4.67），そして日産（3.51），が続いている。ヤマハ発動機（3.49）といすゞ（3.09）は3％台，マツダは（1.21）を保ったが，富士重工は1％を割り0.17に止まった。

この5年度間を通じて、売上高純利益率が最高値を示した年度は、2005年度が日産（5.97），2006年度がホンダ（6），2007年度がトヨタ（6.86），いすゞ（5.6），富士重工（2.13），さらに2008年度にはマツダ（2.6）と2007年度を中心に広く分布している。なおこの間において、1つ注目されるのは、スズキと日産で，毎年売上高純利益率が減少を続けたことであろう。

2009年度は、自動車製造8社にとって、5年度期間中、最悪の年度であった。売上高純利益率が、8社中5社で赤字となった。他の3社でも、5年度期

表 3-1　自動車製造企業の売上高純利益率

企業名 ＼ 年度	2009	2008	2007	2006	2005	平均
トヨタ	−2.1 ⓪	6.5 ②	6.86 ②	6.5 ②	6.3 ②	4.81
日産	−2.8 ⓪	4.5 ①	4.4 ①	5.49 ②	5.97 ②	3.51
ホンダ	1.4 ①	5 ②	5.34 ②	6 ②	5.6 ②	4.67
スズキ	0.9 ⓪	2.29 ①	2.37 ①	2.4 ①	2.56 ①	2.10
いすゞ	−1.8 ⓪	3.95 ①	5.6 ②	3.7 ①	4 ①	3.09
富士重工	−4.8 ⓪	1.18 ①	2.13 ①	1.06 ①	1.26 ①	0.17
マツダ	−2.8 ⓪	2.6 ①	2.27 ①	2.28 ①	1.7 ①	1.21
ヤマハ発動機	0.1 ⓪	4 ①	4.9 ①	4.66 ①	3.77 ①	3.49
平均	1.49	3.73	4.24	4.013	3.9	2.88

間中,最低の数値が残された。

いずれにせよ,自動車製造8社の5年度間平均の売上高純利益率が,2.88というのは,IC製造装置0.027や総合電機の0.56に次ぐ低数値である。規模の経済を活かした一層の奮起が望まれる。

(b) 総資産純利益率 (表3-2)

自動車の製造には,巨大な投資を必要とする。自動車製造の5年度間を通じた平均総資産純利益率も,3.17と,総合電機 (0.56) に次ぐ低位にある。その中で,ヤマハ発動機 (4.78),ホンダ (4.34) そしていすゞ (4.26) の3社は,4ポイント台,トヨタ (3.68),日産 (3.08) そしてスズキ (3) は3ポイント台を維持した。これに続くのが,マツダ (2.16) と富士重工 (0.06) であった。

5年度期間中にみた自動車製造8社毎々の最高値は,2005年度が日産 (5.2),2006年度がホンダ (5.6) とスズキ (3.6),2007年度が,いすゞ (7.5),ヤマハ発動機 (6.8),そして富士重工 (2.4),2008年度がトヨタ (5.3) とマツダ (4.6) と分布している。自動車製造業は,2007年度から2008年度にかけ

表3-2 自動車製造企業の総資産純利益率

企業名＼年度	2009	2008	2007	2006	2005	平均
トヨタ	−1.5 ⓪	5.3 ④	5 ④	4.8 ③	4.8 ③	3.68
日産	−2.3 ⓪	4.0 ③	3.7 ③	4.8 ③	5.2 ④	3.08
ホンダ	1.2 ②	4.8 ③	4.9 ③	5.6 ④	5.2 ④	4.34
スズキ	1.3 ②	3.3 ③	3.2 ③	3.6 ③	3.6 ③	3
いすゞ	−2.6 ⓪	6.1 ④	7.5 ④	5 ④	5.3 ④	4.26
富士重工	−6 ⓪	1.4 ②	2.4 ②	1.2 ②	1.3 ②	0.06
マツダ	−4.0 ⓪	4.6 ③	3.9 ③	3.7 ③	2.6 ③	2.16
ヤマハ発動機	0.2 ①	5.7 ④	6.8 ④	6.7 ④	4.5 ③	4.78
平均	−1.71	4.4	4.68	4.43	4.06	3.17

て，最も有効な資産運用を行ったようである。

2009年度の世界不況が及ぼしたマイナスの影響は大きかった。スズキ（1.3），ホンダ（1.2）ヤマハ発動機（0.2）は，なんとか黒字に止まったが，残余の5社はいずれもマイナス数値を残した。とりわけ富士重工（-6）とマツダ（-4）のマイナスは大きかった。この年には，さすがのトヨタ（-1.5）や日産（-2.3）も，相当な後退を余儀なくされている。

② 安定性

(a) 株主持分比率（表3-3）

自動車製造企業にみる5年度間の8社平均株主持分比率は31.82と総合電機（28.7）に次いで11業種中の最低レベルにある。

5年度期間中に，この数値が最大であったのは，2005年度がトヨタ（37.2）とスズキ（44），2006年度がホンダ（39），2007年度がヤマハ発動機（43.8），2008年度が日産（29.4），いすゞ（28.6），富士重工（38.1），そしてマツダ（27.8）であった。2008年度への集中が目立つ。

表3-3 自動車製造企業の株主持分比率

企業名＼年度	2009	2008	2007	2006	2005	平均
トヨタ	34.6 ②	36.6 ②	36.3 ②	36.8 ②	37.2 ②	36.3
日産	25.6 ②	29.4 ②	28.6 ②	26.9 ②	25 ②	27.1
ホンダ	33.9 ②	36 ②	37.2 ②	39 ②	35.3 ②	36.28
スズキ	29.6 ②	32.3 ②	31.9 ②	33.3 ②	44 ②	34.22
いすゞ	27.3 ②	28.6 ②	27.8 ②	20.9 ①	13.9 ⓪	23.7
富士重工	32.8 ②	38.1 ②	37.5 ②	34.5 ②	34.7 ②	35.52
マツダ	22.9 ①	27.8 ②	24.8 ①	22.3 ①	15.1 ①	22.58
ヤマハ発動機	29.3 ②	41.1 ②	43.8 ②	39.9 ②	40.2 ②	38.86
平均	29.5	33.74	33.49	31.7	30.71	31.82

2009年度の不況は、関係企業の株主持分比率を相当大きく後退させた。一番大きく対前年度比株主持分比率を下げたのは、ヤマハ発動機（－11.8）であり、これに富士重工（－5.3）、マツダ（－4.9）、そして日産（－3.8）が続いている。これに対して、いすゞ（－1.3）、トヨタ（－2）、ホンダ（－2.1）、そしてスズキ（－2.7）の後退の幅は少なかった。

　株主持分比率の5年度間平均値の企業別ランクを、大きさの順序に並べると、ヤマハ発動機（38.86）、トヨタ（36.3）、ホンダ（36.28）、富士重工（35.52）、スズキ（34.22）、日産（27.1）、いすゞ（23.7）そしてマツダ（22.58）ということになる。

(b) **有利子負債比率**（表3-4）

　自動車製造業の有利子負債比率は、研究対象11業種中最大（29.42）である。
　2005年度又は2006年度から2008年度にかけて、トヨタ（35.1から37.6へ）とスズキ（7.3から18.7へ）、さらにホンダ（30.7から34.8へ）は、毎年有利子負債を上積みしてきた。これに対して、同じ期間中、富士重工（30.36から

表3-4　自動車製造企業の有利子負債比率

企業名＼年度	2009	2008	2007	2006	2005	平均
トヨタ	43.4 ①	37.6 ②	37.2 ②	36.2 ②	35.1 ②	37.9
日産	44.8 ①	38.4 ②	40.3 ①	40.8 ①	38.5 ②	40.56
ホンダ	39 ②	34.8 ③	32.8 ③	30.5 ③	30.7 ③	33.56
スズキ	31.6 ③	18.7 ④	17.5 ④	10.73 ④	7.3 ⑤	17.17
いすゞ	31.3 ③	20.6 ④	24.1 ④	29.9 ③	29.3 ③	27.04
富士重工	32.8 ③	23.5 ④	26.1 ③	27.7 ③	30.36 ③	28.09
マツダ	38.7 ②	23.6 ④	24.9 ④	25.9 ③	29.88 ③	28.6
ヤマハ発動機	41.2 ①	20.5 ④	16.3 ④	19.3 ④	14.8 ④	22.42
平均	37.85	27.21	27.4	27.63	26.99	29.42

23.5 へ），マツダ（29.88 から 23.6 へ），いすゞ（29.3 から 20.6 へ）は，有利子負債比率の減少に努力している。他方日産やヤマハ発動機では，年毎に若干の増減がみられた。

5 年度間平均でみるとき，他社よりも有利子負債比率が高いのは，日産（40.56）とトヨタ（37.9），そしてホンダ（33.56）である。マツダ（28.6），富士重工（28.09），いすゞ（27.04），ヤマハ発動機（22.42）が 20〜30 ポイント台でこれに続いている。スズキだけは例外で，平均では 17.17 と有利子負債の低いレベルを保ってきた。

2009 年度の決算において，関係 11 社の有利子負債比率は，いずれも 5 年度間最大値となった。リーマン不況への対応であろう。この年度にみた対前年増加率をまとめたが，その結果は下記の通りである。

　ヤマハ発動機（20.5 から 41.2 へ）＋20.7
　マツダ（23.6 から 38.7 へ）＋15.1
　スズキ（18.7 から 31.6 へ）＋12.9
　いすゞ（20.6 から 31.3 へ）＋10.7
　富士重工（23.5 から 32.8 へ）＋9.3
　日産（38.4 から 44.8 へ）＋6.4
　トヨタ（37.6 から 43.4 へ）＋5.8
　ホンダ（34.8 から 39 へ）＋4.2

以上自動車製造企業が，不況脱出への手がかりを有利子負債の積み増しに頼ったことは明らかだと思う。

③　創造性（表 3-5）

自動車製造企業にみる売上に対する研究開発費の割合は，11 業種中，建設機械企業に次ぎ，下から 2 番目（5 年度間平均で 4.06）である。少し低いようにも思えるが，計算するときの分母（売上高）の大きさも影響しているのかも知れない。

自動車製造関連で，5 年度間平均でみて一番研究開発費の割合が高いのは 5.21 のホンダと 5.07 のヤマハ発動機である。これに 4.62 ポイントの日産が続

いている。残りは，3.92のトヨタ，3.59のいすゞ，3.41のマツダ，3.33のスズキ，そして3.31の富士重工である。

　5年度間を通してみると，2005年度から，2008年度にかけてトヨタ（4から3.65へ），日産（4.6から4.2へ），そしてホンダ（5.4から4.9へ）で，毎年若干ではあるが，連続して研究開発費比率の下降が認められる。その外関係企業の年毎の比率には，若干の上下動が存在する。

　2009年の不況対策の一環として，富士重工を除く自動車製造7社では，研究開発比率に若干の引上げが行われた。その内訳は，いすゞ（＋1.62），日産（＋1），トヨタ（＋0.75），ホンダとスズキ（＋0.7），マツダ（＋0.51），そしてヤマハ発動機が（＋0.4）であり，結果としていずれも5年度間最高となった。実情は不明であるが，富士重工において研究開発比率が最高となったのは，2005年度の3.7であったが，2009年度には，2.96前年度対比－0.34ポイントと，かえって比率を引き下げている。

表3-5　自動車製造企業の創造性

企業名＼年度	2009	2008	2007	2006	2005	平均
トヨタ	4.4 ①	3.65 ①	3.7 ①	3.86 ①	4 ①	3.92
日産	5.2 ②	4.2 ①	4.4 ①	4.7 ①	4.6 ①	4.62
ホンダ	5.6 ②	4.9 ①	4.98 ①	5.15 ②	5.4 ②	5.21
スズキ	3.8 ①	3.1 ①	2.9 ①	3.2 ①	3.67 ①	3.33
いすゞ	4.75 ①	3.13 ①	3.5 ①	3.48 ①	3.1 ①	3.59
富士重工	2.96 ①	3.3 ①	3.4 ①	3.17 ①	3.7 ①	3.31
マツダ	3.8 ①	3.29 ①	3.31 ①	3.28 ①	3.37 ①	3.41
ヤマハ発動機	5.3 ②	4.9 ①	4.9 ①	5.2 ②	5.07 ②	5.07
平均	4.48	3.81	3.89	4.01	4.12	4.06

(2) 自動車部品企業

短評－不況への対応として研究開発費比率の引上げへ

① 利益性

(a) 売上高純利益率（表3-6）

2009年度は，自動車製造企業と同様，自動車部品企業にとっても，大変困難な年度であった。シマノを除いた関連5社が不況の影響を受け，ブリヂストンだけは，どうやら僅かに（0.3）年度利益を残せたのだが，残余の4社（デンソー，ショーワ，サンデン，アルパイン）はいずれも損失計上企業となった。

この業界の5年度間通算でみた売上高純利益率の平均は，2.98と自動車製造の2.88を僅かながら上回っている。個別企業ベースの平均値で見ると，シマノの9.86は別として，3％台が，デンソー（3.80）そしてブリヂストン（3.69）の2社のみであり，ショーワ（1.91）とアルパイン（0.954）は，1％前後に止まっている。なお，サンデンは5年間平均でも2.31というマイナスに陥っていた。

表3-6 自動車部品企業の売上高純利益率

企業名＼年度	2009	2008	2007	2006	2005	平均
デンソー	－2.7	6 ②	5.68 ②	5.3 ②	4.7 ①	3.80 ①
ブリヂストン	0.3	3.9 ①	2.85 ①	6.7 ②	4.7 ①	3.69 ①
ショーワ	－4.3	2.3 ①	3.47 ①	4.19 ①	3.9 ①	1.91 ①
サンデン	－14.2	1.9 ①	1.06 ①	－1.3	1 ①	－2.31
アルパイン	－4.7	1.4 ①	2.16 ①	2.4 ①	3.51 ①	0.954 ①
シマノ	10.6 ③	9.4 ②	8.1 ②	9.7 ②	11.5 ③	9.86 ②
平均	－2.5	4.15	3.89	4.5	4.89	2.98 ①

個別企業毎に，5年度間最高の数値を追うと，2005年度が，シマノの11.5とアルパインの3.51，2006年度が，ブリヂストン6.7とショーワ4.19，そして2008年度が，デンソー6そしてサンデン1.9ということになる。他方，この業種でも一味違うユニークな業容をもつシマノは，2009年度にも10.6という対前年度比＋1.2の成果を上げている。

(b) **総資産純利益率**（表 3-7）

ここでは，売上高純利益率と類似のパターンが読みとれる。

(i) この業種全体の5年度通算総資産利益率は，3.27であり，自動車製造の3.17を上回っている。
(ii) 通算平均9.98のシマノは，他と区別して理解すべきであろう。
(iii) それを除くと，3％台が，デンソー（3.82），ブリヂストン（3.74），そしてショーワ（3.1）である。アルパインは1.4を維持したが，サンデンは，−2.4に終わった。
(iv) 5年度間にみた関係各社の最高値は，アルパインの2005年度の5.1，ブリヂストンおよびショーワの2006年度の6.7と6.9そして2008年度のデン

表 3-7 自動車部品企業の総資産純利益率

企業名＼年度	2009	2008	2007	2006	2005	平均
デンソー	−2.8 ⓪	6.7 ④	5.4 ④	5 ④	4.8 ③	3.82 ③
ブリヂストン	0.4 ①	3.9 ③	2.8 ③	6.7 ④	4.9 ③	3.74 ③
ショーワ	−7.1 ⓪	3.5 ③	5.3 ④	6.9 ④	6.9 ④	3.1 ③
サンデン	−14.8 ⓪	2.1 ②	1 ②	−1.3 ⓪	1 ②	−2.4 ⓪
アルパイン	−7 ⓪	2.1 ②	3.2 ③	3.6 ③	5.1 ④	1.4 ②
シマノ	13 ⑤	9.7 ④	7.6 ④	8.8 ④	10.8 ⑤	9.98 ④
平均	−3.05	4.67	4.22	4.95	5.58	3.27 ③

ソーの 6.7 そしてサンデンの 2.1 である。2009 年度に 13 という 5 年度間最高値を出したシマノは，この場合特殊なケースと考えたい。

(v) 1つ興味深いのは，デンソーが，2005年度以来3年度間この数値の改善に成功してきたことである。資産の有効利用に意を用いた結果とも理解される。他方アルパインの場合には，2005年度から2008年度まで，毎年総資産純利益率を低下させ（5.1 から 2.1 へ）ている。シマノの場合には，この点2つの山が認められる。即ち，2005年度から2007年度にかけての 10.8 から 7.6 への下降，そして 2007 年度から 2009 年度にかけての 7.6 から 13 への上昇である。

② 安定性

(a) **株主持分比率**（表 3-8）

5年度間平均の株主持分比率は，55.83 である。シマノの5年度間平均数値は，86 と傑出している。これに，65.74 のアルパイン，58.62 のデンソー，そして 54.08 のショーワが続く。サンデンの株主持分比率は最も低く 30.1 である。

年度毎の最高値をみると，2005 年度のブリヂストン（42），2006 年度のショーワ（58），2008 年度のサンデン（33.3）そして 2009 年度のシマノ（87.1）

表 3-8 自動車部品企業の株主持分比率

企業名 \ 年度	2009	2008	2007	2006	2005	平均
デンソー	59.3 ③	59.3 ③	57.7 ③	57.7 ③	59.1 ③	58.62
ブリヂストン	37.5 ②	41.9 ②	38.9 ②	41.9 ②	42 ②	40.44
ショーワ	46 ②	53.8 ③	57.4 ③	58 ③	55.2 ③	54.08
サンデン	19.4 ①	33.3 ②	32.4 ②	32.9 ②	32.5 ②	30.1
アルパイン	72.4 ③	68.5 ③	65.7 ③	65.3 ③	56.8 ③	65.74
シマノ	87.1 ⑤	84.3 ⑤	85.8 ⑤	85.8 ⑤	87 ⑤	86
平均	53.62	56.85	56.32	56.73	55.43	55.83

が続く。

　2009年度の不況への対応であるが，2つの流れがあるように思われる。1つは，以前よりも持分比率を高める動きであり，もう1つは，持分比率を引き下げる動きである。前者は，84.3を87.1に増加させたシマノ，68.5を72.4に伸ばしたアルパイン，そして59.3という自社としては最高水準を維持したデンソーがある。これに対して，ブリヂストン（41.9を37.5に下げた），ショーワ（53.8から46へ），そしてサンデン（33.3から19.4へ）は，持分比率を減少させて不況に対応しているようだ。

　アルパインは，5年度間を通じて，毎年持分比率を引き上げてきた（2005年度の56.8から2009年度の72.4へ）。他方ショーワは，2006年度の58から年々持分比率を維持的に低下させ，2009年度には46となった。

(b)　有利子負債比率（表3-9）

　自動車部品会社の有利子負債比率の5年度間平均は13.52で，本体メーカーの29.42に比べて低い。中型企業が多く集まっており，借入金増加には，より注意深かったこともあるのかと思う。但し，6社の中でも大企業のカテゴリーに属するデンソーとブリヂストンでは，5年度間平均で，9.68そして25.54という。相当に高い有利負債比率が，記録されている。

　5年度間を通じ，個別企業別で有利子負債比率が低かった（借入金の割合が最小）年度は，ブリヂストン（22.3）が2005年度，ショーワ（2.17），アルパイン（0.097）そしてシマノ（0.8）が2007年度，デンソー（5.8）とサンデン

表3-9　自動車部品企業の有利子負債比率

企業名＼年度	2009	2008	2007	2006	2005	平均
デンソー	11.8	5.8	15.6	7.8	7.4	9.68
ブリヂストン	30.4	25.4	25.7	23.9	22.3	25.54
ショーワ	18	5.5	2.17	2.28	3	6.19
サンデン	47.1	30.6	35.5	34.7	34.5	36.48
アルパイン	1.22	0.13	0.097	0.16	7.38	1.8
シマノ	1.57	2.2	0.8	0.96	1.5	1.41
平均	18.35	11.61	13.31	11.63	12.68	13.52

(30.6) が 2008 年度であった。とりわけ 2008 年度に借入率が低下したのは，好況時に借入の返済を急いだ結果とも考えられる。

2009 年度に不況が訪れたとき，このような借入金縮小の傾向は逆転する。シマノを除く関係 5 社の間では，有利子負債比率が急激に増加（たとえば，ショーワでは，前年度の 5.5 から 18 へ）している。この点シマノだけは例外である。シマノは，2005 年度から 7 年度まで負債の縮小に努力してきた（1.5 から 0.8 へ）のだが，2008 年度にはそれを 2.2 にまで引き上げている。しかし 2009 年度には，この比率を再び 1.57 にまで引き下げた。シマノの財政面のフレキシビリティーを物語るものかとも考えられる。

③ 創造性（表 3-10）

ここでも，自動車部品企業にみる売上に対する研究開発費の割合は，5 年度間平均で 4.86 と自動車製造企業の 4.06 よりも高い。

個別企業ベースでみると，5 年度間平均値は，アルパインが 9.6 で 1 位，デンソーが 8.29 で 2 位，そしてシマノが 3.72 で 3 位である。残りの 3 社は，いずれも 2 ポイント台に止まっていた。（ブリヂストン 2.82，サンデン 2.42 そしてショーワ 2.32）。

大部分の調査対象でこの年度数値が 5 年度期間で最大となったのは，2009

表 3-10　自動車部品企業の創造性

企業名＼年度	2009	2008	2007	2006	2005	平均
デンソー	9.45 ②	7.74 ②	7.75 ②	8 ②	8.5 ②	8.29
ブリヂストン	2.9 ①	2.56 ①	2.7 ①	2.95 ①	3 ①	2.82
ショーワ	0.6 ①	2.5 ①	2.74 ①	2.96 ①	2.8 ①	2.32
サンデン	3 ①	2.6 ①	2.6 ①	2.1 ①	1.8 ①	2.42
アルパイン	14.3 ③	8.5 ②	11.4 ③	10.3 ③	3.5 ①	9.6
シマノ	4 ①	3.8 ①	4.1 ①	3.57 ①	3.13 ①	3.72
平均	5.71	4.62	5.22	4.98	3.79	4.86

年度である。即ち関係6社年度平均で，前年度と対比すると，4.62から5.71へと1ポイント以上の増加を示している。不況と国際競争激化への対応ともいえようか。サンデンを除き，元来この業種に所属する企業では，売上に対する研究開発費の割合を毎年度若干ではあるが，縮小する傾向が強かった。この観点からみると，2009年度の変化は，1つの転換であるとも考えられる。

(3) 建設機械企業

短評－利益性は高いのだが，有利子負債比率が，増加し，安定性は低い。
2009年度には研究開発比率を僅かながら引き上げた。

① 利益性

(a) 売上高純利益率 (表3-11)

建設機械企業の5年度間を通じた売上高純利益率の平均は，6.02と比較的高く，11業種の中でも中位にある。

2005年度から2008年度まで，コマツと日立建機とは，それぞれ4.1から9.3へ，そして3.87から5.92へと毎年度順調にこの数値を改善してきた。

これに対してクボタの場合には，2005年度に12という好調なスタートを切ったのだが，以来毎年度この数値を下げて，2008年度には5.89となった。

5年度間平均でみると，クボタ7.33，コマツ6.54そして日立建機4.18の順序になっている。

表3-11　建設機械企業の売上高純利益率

企業名＼年度	2009	2008	2007	2006	2005	平均
コマツ	3.9 ①	9.3 ②	8.7 ②	6.7 ②	4.1 ①	6.54
クボタ	4.3 ①	5.89 ②	6.78 ②	7.7 ②	12 ③	7.33
日立建機	2.45 ①	5.92 ②	4.8 ①	3.87 ①	3.87 ①	4.18
平均	3.55	7.04	6.76	6.09	6.66	6.02

第3章　個別企業の利益性，安全性，創造性のパフォーマンスの評価と分析　73

　2009年度の不況は，建設機械企業にも，相当大きなマイナスの影響を与えた。前年度と比較して，コマツが3.9で対前年比－5.4，日立建機が2.45で3.47のマイナス，そしてクボタが4.3で1.59のマイナスという結果となった。コマツと日立建機のマイナスがクボタに比べて大きいのは，売上における海外売上高の大小を反映しているものとも考えられる。

(b)　**総資産純利益率**（表3-12）

　11業種中，5年度期間業種企業別平均の総資産純利益率は，5.69である。他方売上高純利益率は，6.02であった。売上高純利益率は11業種中順位が5番目であったが，総資産純利益率では，1つ上がって4番目である。

表3-12　建設機械企業の総資産純利益率

企業名＼年度	2009	2008	2007	2006	2005	平均
コマツ	4 ③	9.9 ④	8.9 ④	6.9 ④	4.1 ③	6.76
クボタ	3.5 ③	4.6 ③	5.1 ④	5.8 ④	9.9 ④	5.78
日立建機	2.2 ②	6.7 ④	5.6 ④	4.4 ③	3.7 ③	4.52
平均	3.23	7.07	6.53	5.7	5.9	5.69

　コマツの総資産純利益率は，2005年度の4.1に始まって，年々上昇し，2008年度には9.9の最高値となった。日立建機の場合にも類似の上昇がみられたが，3.7から6.7へと変わっている。これに対して，2005年度に9.9で始まったクボタの数値は，毎年度下降し，2008年度には，4.6と半減した。

　2009年度のリーマン不況は，建設機械各社の総資産純利益率にも，相当な影響を与えた。一番マイナスの大きかったのはコマツで，9.9から4へと5.9ポイント・マイナス，次が，日立建機で，6.7から2.2へと4.5ポイント・マイナスであった。この点クボタのマイナスは比較的に少なかった。4.6が3.5に1.59ポイント・マイナスというのがその結果であった。

② 安定性

(a) 株主持分比率（表 3-13）

建設機械企業の株主持分比率は，5年度間平均で，37.87と，総合電機，自動車製造に次いで低位にある。クボタが42.68，コマツが39.28，そして日立建機が31.64という構成である。

表 3-13　建設機械企業の株主持分比率

企業名＼年度	2009	2008	2007	2006	2005	平均
コマツ	41.4 ②	42.1 ②	42.1 ②	37.9 ②	32.9 ②	39.28
クボタ	41.7 ②	44.3 ②	43.9 ②	43.2 ②	40.3 ②	42.68
日立建機	34.9 ②	37.1 ②	29.4 ②	28.5 ②	28.3 ②	31.64
平均	39.3	41.17	38.47	36.53	33.83	37.87

建設機械3社は，2005年度から2008年度まで，いずれも株主持分比率の向上に注力していたようである。その結果コマツは，32.9から42.1に，クボタは，40.3から44.3へ，そして日立建機は，28.3から37.1へと，この数値を改善している（2008年度数値はいずれも期間中の最高値）。

2009年度危機の影響は，この業界では未だにさ程鮮明ではない。対前年対比でみても，コマツ（2009年41.4）が－0.7，クボタ（41.7）が－2.6，そして日立建機（34.9）が－2.2と比較的少ない減少ですませている。なおもう一つ注目すべきは，3社共，2005年度対比で，より高い株主持分比率を維持していることであろう。

(b) 有利子負債比率（表 3-14）

設備機械製造企業であるためか，建設機械企業の有利子負債比率は，自動車製造企業に次いで大きく，5年度間平均で，26.32である。5年度期間通算平均の債務負担の大きさの順序は，日立建機29，クボタ25.26，そしてコマツ24.7である。

表 3-14　建設機械企業の有利子負債比率

企業名＼年度	2009	2008	2007	2006	2005	平均
コマツ	30.5 ③	21.5 ④	18.9 ④	22.8 ④	29.8 ③	24.7
クボタ	28.9 ③	24.8 ④	23.3 ④	23.8 ④	25.49 ③	25.26
日立建機	35.7 ②	22.9 ④	25.3 ③	27.7 ③	33.4 ③	29
平均	31.7	23.07	22.5	24.77	29.56	26.32

　この5年度間で，会社の負担が最小であった年度は，コマツ（18.9）とクボタ（23.3）が2007年度，そして日立建機（22.9）が2008年度であった。

　株主持分比率と違い，有利子負債比率には，不況の影響がより鮮明に現れている。2009年度を2008年度と比べた場合，日立建機の負債比率は，22.9から35.7へと12.8ポイント上昇している。21.5から30.5へと9ポイント上昇がコマツ，そして24.8から28.7へと4.1ポイント上昇がクボタであった。

③　創造性（表3-15）

　関係11業種中，建設機械業種にみる売上に対する研究開発費の割合は，2.3と11業種中最低である。

　元来，建設機械企業の研究開発費率は，低位にあった。5年度通算でみても，コマツが，2.78，クボタが2.17そして日立建機が1.95，というのが，その内訳である。

表 3-15　建設機械企業の創造性

企業名＼年度	2009	2008	2007	2006	2005	平均
コマツ	2.6 ①	2.2 ①	2.45 ①	3.1 ①	3.54 ①	2.78
クボタ	2.37 ①	2.1 ①	2 ①	2.16 ①	2.2 ①	2.17
日立建機	2 ①	1.47 ①	1.8 ①	2 ①	2.5 ①	1.95
平均	2.32	1.92	2.08	2.42	2.75	2.3

もう一点注目すべきは，2005年度から2008年度にかけて，コマツの場合には3.54から2.2へ，そして日立建機の場合にも2.5から1.47へと毎年連続した数値低減の現象が見られたことである。クボタの場合には若干の上下動はあったが，4年度間を通じて＋2ポイント台を維持してきた。

この状況は，2009年度に転換期をむかえた。すなわち，コマツは，2.6と対前年度比＋0.4，クボタ（2.37）は，＋0.27，日立建機（2）は，＋0.53と，研究開発比率を上昇させたからである。

(4) 総合電機企業

短評－低い利益性と低い安定性に脅かされている。研究開発努力も今ひとつ。

① 利益性

(a) 売上高純利益率（表3-16）

日本の総合電機企業のパフォーマンスに，国際化のリーダーとしての昔日の

表3-16 総合電機企業の売上高純利益率

企業名 \ 年度	2009	2008	2007	2006	2005	平均
日立	−7.87 ⓪	−0.52 ⓪	0.32 ⓪	0.3 ⓪	0.54 ⓪	−1.45
パナソニック	−4.9 ⓪	3.1 ①	2.4 ①	1.7 ①	0.69 ⓪	0.6
ソニー	−1.27 ⓪	4.16 ①	1.5 ①	1.65 ①	2.29 ①	1.67
東芝	−5.2 ⓪	1.7 ①	1.93 ①	1.23 ①	0.79 ⓪	0.09
NEC	−7 ⓪	0.5 ⓪	0.2 ⓪	0.25 ⓪	1.4 ①	−0.93
富士通	−2.4 ⓪	0.9 ⓪	2 ①	1.43 ①	0.67 ⓪	0.52
三菱電機	0.3 ⓪	3.9 ①	3.2 ①	2.65 ①	2 ①	2.41
シャープ	−4.4 ⓪	2.98 ①	3.25 ①	3.17 ①	3 ①	1.6
平均	−4.09	2.09	1.85	1.55	1.42	0.56

面影と勢いはない。誠に残念なことだ。

5年度間通期の年間平均値をとってみても，0.56という低位（11業種中10番目）にある。個別企業の5年度間平均売上高純利益率をとってみても，三菱電機（2.41），ソニー（1.67）そしてシャープ（1.6）までは良しとして，残された2社は赤字（日立が－1.45，そしてNECが－0.93），さらにパナソニック（0.6），富士通（0.52）そして東芝（0.09）が1％以下の黒字とまこと惨憺たる現状を残している。

2009年度の不況の影響は，まことに大であったという他はない。関係8社中，三菱電機（＋0.3）を除く7社が，日立－7.87，NEC－7，東芝－5.2，ソニー－1.27，パナソニック－4.9，シャープ－4.4，富士通－2.4といった大赤字を体験したからである。

2005～6年度に始まり，2007～8年度にかけて，パナソニック（0.69から3.1へ），東芝（0.79から1.93へ）富士通（0.67から2へ），三菱電機（2から3.9へ）そしてシャープ（3から3.25へ）という具合に連続して純利益率改善に努力した跡が見受けられる。またソニーには，2008年度に，1.5から4.16という大飛躍もあった。しかし，それも2009年度のマイナスを補うには十分でなかった。他方，日立においては，2005年度の＋0.54が最高であり，以来マイナスの幅を拡大して今日に至っている。2005年度から2007年度にかけて，ソニーとNECでも連続した利益下降が認められた。

(b) 総資産純利益率（表3-17）

ここでも，5年度間を通した全体の平均値は，0.51と極端に低いものとなっている。また，NECの5年度間通算の平均も－1.36に終わった。

2009年度の数値が，三菱電機の＋0.4を除き残りの7社がソニーの－0.8から日立の－8.4まですべて赤字となったことは，売上高純利益率の場合と類似している。

低いながらも，5年度期間中最高の数字が得られたのは，2005年度が日立（0.5）とNEC（1.7），2006年度がシャープ（3.5），2007年度が東芝（2.3）と富士通（2.6），そして2008年度がパナソニック（3.8）と三菱電機（4.5）で

あった。

ここでも3年度間連続した数値改善が，パナソニック（2005年度0.7から2008年度の3.8へ），そして，三菱電機（2.3から4.5へ）の2社で認められている。他方，日立は，2005年度の0.5を最高として，毎年数字を下降させ，2009年度には－8.4となってしまったのが残念である。

表 3-17 総合電機企業の総資産純利益率

企業名＼年度	2009	2008	2007	2006	2005	平均
日立	－8.4 ⓪	－0.6 ⓪	－0.3 ⓪	0.4 ①	0.5 ①	－1.68
パナソニック	－5.9 ⓪	3.8 ③	2.8 ③	1.9 ②	0.7 ①	0.66
ソニー	－0.8 ⓪	2.9 ③	1.1 ②	1.2 ②	1.7 ②	1.22
東芝	－6.3 ⓪	2.1 ②	2.3 ②	1.7 ②	1 ②	0.16
NEC	－9.6 ⓪	0.6 ①	0.2 ①	0.3 ①	1.7 ②	－1.36
富士通	－3.5 ⓪	1.3 ②	2.6 ③	1.8 ②	0.9 ①	0.62
三菱電機	0.4 ①	4.5 ③	3.6 ③	2.9 ③	2.3 ②	2.74
シャープ	－4.7 ⓪	3.3 ③	3.4 ③	3.5 ③	3.2 ③	1.74
平均	－4.85	2.24	1.96	1.71	1.5	0.51

② 安定性

(a) 株主持分比率（表 3-18）

利益不足を反映してか，総合電機業種の5年度間平均持分比率は，28.7と，11業種中最低のレベルにとどまっている。

富士通（23.5から24.8）およびNEC（20.2から28.5へ）では，2005年度から2008年度まで継続して持分比率改善の努力が続けられた。他方，日立（2006年度25から2008年度の20.6へ）そしてソニー（30.2から27.6へ）では，連続してこの比率が低下している。

関係8社で，株主持分比率が最高であった年度は，5年度間に広く分散して

表 3-18 総合電機企業の株主持分比率

企業名＼年度	2009	2008	2007	2006	2005	平均
日立	11.2 ⓪	20.6 ①	22.9 ①	25 ②	23.7 ①	20.68
パナソニック	43.5 ②	50.3 ③	49.6 ②	47.6 ②	44 ②	48
ソニー	24.7 ①	27.6 ②	28.8 ②	30.2 ②	30.2 ②	28.3
東芝	8.2 ⓪	17.1 ①	18.2 ①	21.2 ①	17.1 ①	16.36
NEC	20.9 ①	28.5 ②	27.8 ②	22.9 ①	20.2 ①	24.06
富士通	23.3 ①	24.8 ①	24.6 ①	24.1 ①	23.5 ①	24.06
三菱電機	25.5 ②	29.6 ②	30.7 ②	28.4 ②	22.8 ②	27.4
シャープ	38.6 ②	40.1 ②	39.9 ②	42.9 ②	42.1 ②	40.72
平均	24.49	29.83	30.31	30.29	27.75	28.7

いる．すなわち 2005 年度がソニー (30.2)，2006 年度が日立 (25)，東芝 (21.2) そしてシャープ (42.9)，2007 年度が三菱電機 (30.7)，そして 2008 年度がパナソニック (50.3)，NEC (28.5)，そして富士通 (24.8) といった具合だ．

2009 年度不況の影響は大きかった．たとえば日立では，前年度の 20.6 から 11.2 へと－9.4 もの比率減少が認められている．残余の企業においても，東芝－8.9，NEC－7.6，パナソニック－6.8，三菱電機－4.1 およびシャープ－1.5 と数値の相当な低下が認められる．

(b) **有利子負債比率** (表 3-19)

2009 年度の不況では，三菱電機 (－11.9) を除き，関係 7 社の有利子負債比率が東芝の＋11.3 からソニーの＋0.65 に至るまで相当な増加を示した．

5 年度間平均値は，19.74 で，自動車製造，建設機械，そして精密機械に次ぐ高い借入金への依存を示している．

三菱電機だけは例外である．この企業では，5 年度間継続して有利子負債比率の減少 (23.9 から 3.9 へ) が実現された．この他，パナソニックと NEC で

表3-19 総合電機企業の有利子負債比率

企業名\年度	2009	2008	2007	2006	2005	平均
日立	30 ③	24 ④	25.2 ③	24 ④	25.7 ③	25.78
パナソニック	11.6 ④	5.2 ⑤	5.7 ⑤	7.58 ⑤	10.7 ④	8.16
ソニー	9.25 ⑤	8.6 ⑤	9.36 ⑤	10.38 ④	9.6 ⑤	9.44
東芝	35.6 ②	24.3 ④	22.75 ④	20.9 ④	26 ③	25.91
NEC	29 ③	21.5 ④	21.9 ④	24.8 ④	29.3 ③	25.3
富士通	27.4 ③	23.2 ④	18.9 ④	24.4 ④	29.7 ③	24.72
三菱電機	3.9 ⑤	15.8 ④	18.6 ④	20.9 ④	23.9 ④	16.62
シャープ	30 ③	21.5 ④	19.1 ④	19 ④	20.3 ④	21.98
平均	22.09	18.01	17.69	18.995	21.9	19.74

は，2006年度から2008年度まで，前者では7.58から5.2へ，そして後者では29.3から21.5へと数値改善の努力が行われている。他方，日立や東芝では，2006年度以降殆ど毎年連続して，負債比率の増加が記録された。

5年度間を通じて，有利子負債比率が最低値を示した年度は（借入が最も少なかった年度），株主持分比率の割合と類似して，広く分散している。2006年度が，日立（24），東芝（20.9），そしてシャープ（19）であった。2007年度には，富士通の18.9がある。2008年度には，これにソニー（8.6），パナソニック（5.2），そしてNEC（21.5）が追加される。なお，日立は2006年度に続きこの年も24を記録している。

最後に，2009年度において，三菱電機が，前年度の15.8から3.9へと11.9も負債比率を改善しているのが，注目される。

③ 創造性（表3-20）

財務的に苦労している総合電機も，売上対する研究開発費の割合の維持には，相当な努力を払っているようだ。業種全体にみれば数値的には5.62で

第3章 個別企業の利益性，安全性，創造性のパフォーマンスの評価と分析　81

表 3-20　総合電機企業の創造性

企業名＼年度	2009	2008	2007	2006	2005	平均
日立	4.16 ①	3.8 ①	4 ①	4.28 ①	4.3 ①	4.11
パナソニック	6.7 ②	6.1 ②	6.3 ②	6.3 ②	7.06 ②	6.49
ソニー	6.4 ②	5.87 ②	5.56 ②	7.1 ②	7 ②	6.39
東芝	5.7 ②	5.1 ②	5.5 ②	5.87 ②	5.96 ②	5.63
NEC	8.2 ②	7.9 ②	7.2 ②	7 ②	5.67 ②	7.19
富士通	5.3 ②	4.85 ①	4.98 ①	5 ②	5 ②	5.03
三菱電機	3.9 ①	3.67 ①	3.4 ①	3.6 ①	3.8 ①	3.67
シャープ	6.9 ②	5.7 ②	6 ②	6.6 ②	6.9 ②	6.42
平均	5.91	5.37	5.37	5.72	5.71	5.62

あって11業種中第4位である。

　5年度間個別企業別平均でみて，研究開発費比率が最も高いのはNEC 7.19である。これに6％台のパナソニック（6.49），シャープ（6.42），ソニー（6.39）が続く。5％台は，東芝（5.63），富士通（5.03），4％台は日立（4.11），そして3％台で三菱電機（3.67）が追っている。

　5年度間の期間に，研究開発費率が最高だった年度は，関係企業間で区々に分かれている。パナソニック（7.06），東芝（5.96），日立（4.3）は，2005年度，ソニー（7.1）は，2006年度であった。不況が深まり競争激化が予想された2009年度には，NEC（8.2），富士通（5.3）そして三菱電機（3.9）が，この数値を5年度間最高レベルに高めている。ただし，関係8社の2008年度と比べ2009年度の数値は，意外に小さく，NECの＋0.3から，シャープの＋1.2が目立つにとどまっている。

　比率の継続性からみると，ソニーの2007年度5.56から2009年度の6.4へ，NECの2005年度の5.67から2009年度の8.2へそして三菱電機の2007年度の3.4から2009年度の3.9へという連続した比率引上げの努力が注目された。

(5) 電子部品企業

短評－2009年度の不況は利益性への大打撃。対策として株主持分比率と研究開発費を強化。しかし，有利子負債は増大。

① 利益性

(a) 売上高純利益率 （表3-21）

電子部品企業の5年度間通じた売上高純利益率の平均は，4.68であった。この業種に所属する6社の平均値は，9ポイント以上という非常に高い数値を示す企業（ロームと村田製作所），3から6ポイントといった中間値に止まる企業（たとえば京セラ，日本電産など），そして逆にマイナス1.29や0.33といった低い数値を示す企業（アルプス電気やエルピーダメモリ）など，広い範囲に広がっている。

関係6社の各々が，5年度間の間に，最高の売上高純利益率を上げたのは，

表3-21　電子部品企業の売上高純利益率

企業名 \ 年度	2009	2008	2007	2006	2005	平均
京セラ	2.6 ①	8.3 ②	8.3 ②	5.89 ②	3.9 ①	5.8
TDK	−8.6 ⓪	8.2 ②	8.1 ②	5.5 ②	5 ②	3.64
ローム	3 ①	8.55 ②	12 ③	12.45 ③	12.2 ③	9.64
アルプス電気	−12.9 ⓪	0.6 ⓪	0.7 ⓪	2.66 ①	2.5 ①	−1.29
ミツミ電機	4.5 ①	8 ②	4 ①	0.6 ⓪	0.47 ⓪	3.51
日本電産	4.6 ①	5.5 ②	6.3 ②	7.6 ②	6.9 ②	6.18
村田製作所	0.7 ⓪	12.26 ③	12.6 ③	11.9 ③	10.72 ③	9.64
エルピーダメモリ	−5.4 ⓪	−5.8 ⓪	10.8 ③	−1.9 ⓪	3.97 ①	0.33
平均	−1.44	5.9	7.85	5.59	5.71	4.68

2006年度がローム (12.45), アルプス電気 (2.66), そして日本電産 (7.6) であり, 2007年度が村田製作所 (12.6) とエルピーダメモリ (10.8), そして2008年度が, 京セラ (8.3), TDK (8.2), そしてミツミ電機 (8) であった。さらに京セラとTDK, ミツミ電機, そして村田製作所では, 2005年度以来4年度間連続したこの数値の改善が認められた。これに対して, ロームと日本電産とでは, 共に2006年度に最高値に到達した後, 毎年度連続してこの数値が減少している (前者が12.45から8.55へ, そして後者が7.6から5.5へ)。

2009年度は, 関係8社にとって, 最悪の年度であった。京セラ, ローム, ミツミ電機, 日本電産, そして村田製作所は, ともかく黒字基調を維持できた。(2.6, 3, 4.5, 4.6そして0.7)。しかし, TDKは−8.6, アルプス電気は−12.9, そしてエルピーダメモリは−5.4という大赤字になった。

それまで好調だった業種や企業にとって, いかに2009年度不況の影響が大きかったのが分かる。

(b) 総資産純利益率 (表3-22)

総資産純利益率の5年度間平均値は, 2.83である。少なくとも2008年度までは, 売上高純利益程の大きな上下動は少なく安定していた。ただし, ここでも, アルプス電気 (−2.04) およびエルピーダメモリ (−2.78) は5年度間平均でマイナスである。

5年度期間中に, 関係企業が, 総資産純利益率で最高値を得た年度は, ローム (5.21) が2005年度, アルプス電気 (3.5) と日本電産 (7.2) が2006年度, 村田製作所 (7.8) とエルピーダメモリ (6.9) が2007年度, そして京セラ (5.4), TDK (7.6), ミツミ電機 (10.9) が2008年度であった。この間京セラ, TDK, ミツミ電機そして村田製作所は, 3〜4年度にわたり, 連続して総資産純利益率を改善してきた。これに対してロームは, 2005年度の5.21を最高として以来2008年度の3.8まで毎年この数値を減少させてきた。

2008年度から2009年度にかけての売上高純利益率の激減 (平均で, 2008年度＋5.9から2009年度−1.44への下降) は, 2009年度の総資本純利益率の大幅な低下 (平均で4.89から−3.74へ) へと連がった。元気な業種だっただけ

表 3-22　電子部品企業の総資産純利益率

企業名＼年度	2009	2008	2007	2006	2005	平均
京セラ	1.7 ②	5.4 ④	5.0 ④	3.6 ③	2.6 ③	3.66
TDK	-5.7 ⓪	7.6 ④	7.1 ④	4.8 ③	4.1 ③	3.58
ローム	1.2 ②	3.8 ③	4.9 ③	5.1 ④	5.21 ④	4.04
アルプス電気	-18.7 ⓪	0.9 ①	0.9 ①	3.5 ③	3.2 ③	-2.04
ミツミ電機	5.7 ④	10.9 ⑤	5.2 ④	0.8 ①	0.6 ①	4.64
日本電産	4.0 ③	6.1 ④	6.0 ④	7.2 ④	6.9 ④	6.04
村田製作所	0.4 ①	7.5 ④	7.8 ④	6.4 ④	5.5 ④	5.52
エルピーダメモリ	-18.5 ⓪	-3.1 ⓪	6.9 ④	-0.8 ⓪	1.6 ②	-2.78
平均	-3.74	4.89	5.48	3.83	3.71	2.83

に，その資産運用効率への影響も大であったことが分かる。

② **安定性**

(a) **株主持分比率**（表 3-23）

電子部品企業の株主持分比率は，5年度間業種平均で，60.75 と比較的高く安定している。とりわけローム (85.4)，村田製作所 (83.2)，TDK (71.84) そして京セラ (70.44) の持分比率は高い。

1つの特色は，5年度間を通した最高の数値が，京セラ (74.6)，ローム (87.5)，ミツミ電機 (75) と，多く 2009 年度に集中しているということであろう。2009 年度の売上高純利益率と，総資産純利益率の急激な低下への対抗策であったとも考えられる。この他，TDK は 2005 年度 (79.1)，エルピーダメモリは 2007 年度 (49.7)，そしてアルプス電気と日本電産とは，2008 年度に，持分比率が最高値に達している (39.2 と 47.6)。

この間において，京セラ (2005 年度の 66.3 から 2009 年度の 74.6)，およびミツミ電機 (45.1 から 75 へ) では5年度間にわたり，またロームでも，2006

表 3-23　電子部品企業の株主持分比率

企業名＼年度	2009	2008	2007	2006	2005	平均
京セラ	74.6 ③	73.4 ③	71.1 ③	66.7 ③	66.3 ③	70.44
TDK	50.3 ③	76.6 ④	77.1 ④	76.1 ④	79.1 ④	71.84
ローム	87.5 ⑤	86.7 ⑤	84.9 ⑤	82.7 ⑤	85.2 ⑤	85.4
アルプス電気	29.6 ②	39.2 ②	37.1 ②	37.1 ②	34.2 ②	35.44
ミツミ電機	75 ④	63.5 ③	55.1 ③	48.6 ②	45.1 ②	57.46
日本電産	42.3 ②	47.6 ②	46 ②	46.6 ②	42.8 ②	45.06
村田製作所	86.3 ⑤	81.9 ⑤	81.1 ⑤	83 ⑤	83.7 ⑤	83.2
エルピーダメモリ	17.3 ①	46.1 ②	49.7 ②	33.6 ②	39.2 ②	37.18
平均	57.86	64.38	62.76	59.3	59.43	60.75

年度以降 4 年度間（82.7 から 87.5 へ）連続して持分比率ベースの強化が行われてきたことは注目に値する。

(b)　有利子負債比率（表 3-24）

電子部品企業では，利益率の急降下に対応して，有利子負債比率の相当大幅な増大をみた。5 年度間平均値は，13.04 である。

関係企業の借入率が最小となったのは，2005 年度が，TDK（殆ど 0）と村田製作所（0.1），2006 年度が日本電産（14.2），2007 年度がエルピーダメモリ（27.3），2008 年度が京セラ（0.96）およびアルプス電気（14.7），そしてミツミ電機（3.7）が 2009 年度であった。

不況の 2009 年度には，ミツミ電機（対前年度－0.7）および無借金経営のロームを除く，他の 6 社はすべて有利子負債比率を増大させた。2008 年度からの数値を考慮に入れると，2009 年度における負債比率の増加は，京セラが 2.04，TDK が 24.9，アルプス電気が 13.1，日本電産が 17，村田製作所が 8.5 そしてエルピーダメモリが 14.2 ということになる。

表 3-24　電子部品企業の有利子負債比率

企業名＼年度	2009	2008	2007	2006	2005	平均
京セラ	3 ⑤	0.96 ⑤	13.3 ④	7.28 ⑤	8.26 ⑤	6.56
TDK	25.8 ③	0.9 ⑤	0.4 ⑤	0.7 ⑤	0.003 ⑤	5.56
ローム	0 ⑤	0 ⑤	0 ⑤	0 ⑤	0 ⑤	0
アルプス電気	27.8 ③	14.7 ④	19.2 ④	20.1 ④	25.2 ③	21.4
ミツミ電機	3.7 ⑤	4.4 ⑤	8.5 ⑤	20.7 ④	21.6 ④	11.78
日本電産	32 ③	15 ④	17.1 ④	14.2 ④	15.4 ④	18.74
村田製作所	10.2 ④	1.7 ⑤	1.3 ⑤	0.9 ⑤	0.1 ⑤	2.84
エルピーダメモリ	51.3 ①	37.1 ②	27.3 ③	40 ①	31.5 ③	37.44
平均	19.23	9.35	10.89	12.99	12.76	13.04

関係各社は，持分比率の増強と平行して，借入の幅を拡大し，不況に対抗したものと思われる。

③　創造性（表 3-25）

先端技術の活用を要求される電子部品企業において，売上高に占める研究開発費の割合は，5 年度間平均で 6.75 と高く，医薬品（15.29），そして IC 製造装置（9.96）に次ぐ第 3 位である。

興味深いのは，研究開発比率が最高値に達したのは，2006 年度の日本電産（5.34）およびエルピーダメモリ（10）を除き，すべて 2009 年度であったということである。この年度の比率を 2008 年度のそれと比較すると，年度別平均で 6.24 から 7.96 に 1.72 ポイントも増加している。上昇幅の大きかったのは，ローム＋3.9，エルピーダメモリ＋2.3，村田製作所＋2.2，ミツミ電機＋1.4 などである。不況を克服するための電子部品業企業の対応が，持分比率を高め，借入れを増やし，そして研究開発費比率を高めるという正攻法であったように思われる。

表 3-25　電子部品企業の創造性

企業名＼年度	2009	2008	2007	2006	2005	平均
京セラ	5.8 ②	4.8 ①	5.2 ②	4.86 ①	4.6 ①	5.05
TDK	7.9 ②	6.3 ②	5.8 ②	5.7 ②	6.5 ②	6.44
ローム	12.7 ③	8.8 ②	8.6 ②	8.7 ②	8.75 ②	9.51
アルプス電気	7.8 ②	6.5 ②	6.8 ②	6 ②	6.25 ②	6.67
ミツミ電機	6.6 ②	5.2 ②	5.4 ②	5.4 ②	5.4 ②	5.6
日本電産	4.4 ①	4.0 ①	5.1 ②	5.34 ②	5.3 ②	4.83
村田製作所	8.9 ②	6.7 ②	6.8 ②	7 ②	7.7 ②	7.42
エルピーダメモリ	9.6 ②	7.3 ②	5.9 ②	10 ③	9.5 ②	8.46
平均	7.96	6.24	6.2	6.63	6.75	6.75

(6) IC 製造装置企業

短評－不安定な利益性。安全性の強化，研究開発費の増額で対応。

① 利益性

(a) 売上高純利益率（表 3-26）

IC 製造装置企業は，新しいタイプのハイテク企業である。たとえ世界市場で相当なシェアを握っていても，内・外の競争やプロダクト・サイクルの回転が激しく，正直な話し，既存の分析アプローチだけでは，なかなか十分な理解を得ることができない業種だと思う。

売上高純利益率の 5 年度間 3 社平均値は，0.027 と極端に低い。それは，2009 年度に，アドバンテストが，766 億円の売上に対して，749 億円の純損失（－97.7）を出し，そして大日本スクリーンも，2,190 億円の売上に対して，純利益が－384 億円（－17.4）に下降するという異常事態が発生し，両社の 5 年

度間平均数値が，−8.44および0.38となってしまったからである。

なお，5年度の間の個別年次の最高売上高純利益率としては，2006年度における大日本スクリーンの6.2およびアドバンテストの16.3，そして2008年度における東京エレクトロンの11.7が挙げられる。利益の上下動が極めて激しい業種という他はない。

表3-26　IC製造装置企業の売上高純利益率

企業名＼年度	2009	2008	2007	2006	2005	平均
大日本スクリーン	−17.4 ⓪	1.6 ①	6.1 ②	6.2 ②	5.4 ②	0.38
アドバンテスト	−97.7 ⓪	9 ②	15.1 ④	16.3 ④	15.1 ④	−8.44
東京エレクトロン	1.5 ①	11.7 ③	10.7 ③	7.1 ②	9.7 ②	8.14
平均	−37.86	7.43	10.63	9.87	10.07	0.027

(b) **総資産純利益率**（表3-27）

不況の2009年度には，ここでも総資産純利益率が，大日本スクリーンの場合−15.1，そしてアドバンテストの場合−37.1と大きく下落した。しかし，2007年度まで東京エレクトロン他2社が相当大きな利益率を維持したこともあり，5年度間業種平均では，3.25（大日本スクリーン0.58，アドバンテスト0.54，東京エレクトロン8.62）の範囲にとどまっている。

表3-27　IC製造装置企業の総資産純利益率

企業名＼年度	2009	2008	2007	2006	2005	平均
大日本スクリーン	−15.1 ⓪	1.6 ②	5.8 ④	5 ④	5.6 ④	0.58
アドバンテスト	−37.1 ⓪	5.5 ④	9.7 ④	11.8 ⑤	12.8 ⑤	0.54
東京エレクトロン	1.1 ②	13.4 ⑤	11.8 ⑤	7.2 ④	9.6 ④	8.62
平均	−17.03	6.83	9.1	8	9.33	3.25

5年度間の期間，2005年度から2008年度まで，東京エレクトロンは，9.6から13.4まで毎年利益率を改善してきた。ただし，2009年度にはこれも，1.1に

下降している。他方,アドバンテストは,2005年度の12.8を最高として,以来年々利益率を下降させ,2008年度には,5.5となった。

2009年度大不況の波は,IC製造装置企業にも大打撃を与えた。大日本スクリーンの総資産純利益率は,前半の1.6から-15.1に,さらにアドバンテストのそれは,5.5から実に-37.1に急降下したからである。

② 安定性

(a) 株主持分比率（表3-28）

利益性の大きな変動と比べ,IC製造装置企業の5年度間における株主持分比率は,業種平均で60と思いの他安定している。年度別最高比率は,大日本スクリーンが2006年度で46.8,アドバンテストが2008年度で85.1そして東京エレクトロンが2009年度で77.5となっている。これに関連して興味深いのは,大赤字を出したアドバンテストが,2005年度から2008年度まで,毎年持分比率を改善し続けてきたこと,そして東京エレクトロンが,2009年度に,この比率を,前年度の67.5から77.5へと10ポイントも増強したことである。

表3-28 IC製造装置企業の株主持分比率

企業名＼年度	2009	2008	2007	2006	2005	平均
大日本スクリーン	28.1 ②	41.9 ②	41.6 ②	46.8 ②	38.7 ②	39.42
アドバンテスト	81 ⑤	85.1 ⑤	80.5 ⑤	73.5 ③	69.7 ③	77.96
東京エレクトロン	77.5 ④	67.5 ③	59.7 ③	56.8 ③	51.6 ③	62.62
平均	62.2	64.83	60.6	59.03	53.33	60

(b) 有利子負債比率（表3-29）

5年度期間にわたる有利子負債比率の業種平均は,10.45である。大きな損失の割には,小さな数値であるとも考えられる。しかし,大日本スクリーンの有利子負債比率の5年度間平均は,23.22である。

アドバンテストはほとんど無借金,東京エレクトロンも,2005年度の15.4

から毎年借入を減らし，2009年度には，遂にこの比率を0としている。

損失が大きいのに，安定性を保つ。そこには何か特別の手当が存在するのであろうか。疑問の残されるところである。

表 3-29　IC 製造装置企業の有利子負債比率

企業名＼年度	2009	2008	2007	2006	2005	平均
大日本スクリーン	38.4 ②	19.6 ④	15.1 ④	17.6 ④	25.4 ③	23.22
アドバンテスト	0 ⑤	0 ⑤	0 ⑤	0.31 ⑤	6.77 ⑤	1.41
東京エレクトロン	0 ⑤	3.78 ⑤	4.6 ⑤	9.8 ⑤	15.4 ④	6.71
平均	12.8	7.79	6.57	9.24	15.86	10.45

③ 創造性（表 3-30）

IC 製造装置企業の5年度間平均の研究開発費比率は9.96であり，11業種中，医薬品に次ぎ第2位である。とりわけ，2009年度におけるアドバンテストの30.1（前年度対比13.5増）という数値が目立つ。東京エレクトロンも，対前年4.72増の12である。大日本スクリーンの場合には増加幅は比較的小さく1.5で，2009年度の数値は7.3にとどまっていた。

以上，関係3社共，2009年度には，2005年度の倍近く，またアドバンテストの場合には3倍近くに研究開発費を増加させている。その原質の出処に不安を感ずるのと同時に，それが結実し利益改善につながる日の近いことに期待したいと思う。

表 3-30　IC 製造装置企業の創造性

企業名＼年度	2009	2008	2007	2006	2005	平均
大日本スクリーン	7.3 ②	5.8 ②	5.5 ②	5.35 ②	4.68 ①	5.72
アドバンテスト	30.1 ⑤	16.6 ④	12.6 ③	10.59 ③	10.74 ③	16.26
東京エレクトロン	12 ③	7.28 ②	6.7 ②	7.29 ②	6.9 ②	8.03
平均	16.47	9.89	8.27	7.74	7.44	9.96

(7) 電子機器企業

短評－元気で高い利益性。ただし，所属企業間のバラツキも目立つ。経営基盤は非常に安定している。資産の有効利用の結果か。研究開発費比率は思いのほか低い。

① 利益性

(a) 売上高純利益率（表3-31）

非常に元気の良い企業を含んだ最も活気ある業種であり，売上高純利益率の5年間業種平均値も，7.77と，11業界の中で医薬品企業に次いで第2位に立っている。

この業種に所属する企業の売上高純利益率平均は，3つのグループに分かれている。まず，個別企業5年度間平均が，9以上のファナック（24.82），任天

表3-31 電子機器企業の売上高純利益率

企業名＼年度	2009	2008	2007	2006	2005	平均
ファナック	25 ⑤	27.1 ⑤	25.4 ⑤	23.7 ⑤	22.9 ⑤	24.82
オムロン	−4.69 ⓪	5.6 ②	5.2 ②	5.7 ②	4.96 ①	3.35
任天堂	15.2 ④	15.4 ④	18 ④	19.3 ④	16.9 ④	16.96
マキタ	11.3 ③	13.1 ③	13.2 ③	17.6 ④	11.39 ③	13.32
マブチモーター	3.8 ①	10.1 ③	10.5 ③	7.8 ②	13.4 ③	9.12
日立マクセル	−14 ⓪	0.8 ⓪	1.43 ①	1.6 ①	0.75 ①	−1.88
富士通ゼネラル	0.84 ⓪	1.3 ①	0.46 ⓪	2 ①	2.18 ①	1.36
船井電機	−5.7 ⓪	−1.9 ⓪	−0.9 ⓪	6.7 ②	6.97 ②	1.03
カシオ計算機	−4.5 ⓪	2 ①	4.1 ①	4 ①	3.85 ①	1.89
平均	3.03	8.17	8.6	9.82	9.26	7.77

堂（16.96），マキタ（13.32）そしてマブチモーター（9.12）がある。少し下がるが3.35のオムロンもこれに加えることもできるだろう。第2のグループは，1.89のカシオ計算機であり，それに1.36の富士通ゼネラルとリストラの中で問題の多い船井電機（1.03）が続く。第3のグループは，－1.88の日立マクセルである。一般的にいって，世界市場をリードするユニークな製品をもつ企業は強く，大会社の子や孫会社の経営は利益性が少ないということもいえそうだ。

関係企業が，5年度間で，最も高い利益率を残したのは，2005年度が船井電機（6.97）と富士通ゼネラル（2.18），2006年度が任天堂（19.3），マキタ（17.6），そしてオムロン（5.7）であった。さらに，2007年度にはマブチモーター（10.5）そして2008年度にはファナック（27.1）が年度最高利益率を確保している。

2009年度の不況は，この業種の企業利益にも相当大きなマイナスのインパクトを与えた。2008年度と比較した9社の年度別平均利益率は，8.17から3.03へと5.14ポイントも急落している。ファナックと富士通ゼネラルを除き，他の7社の利益率は5年度間の最低となり，オムロン（－4.69），日立マクセル（－14），船井電機（－5.7）そしてカシオ計算機（－4.5）は，赤字計上に追い込まれた。

なお，ファナックだけが，2005年度から2008年度にかけて，22.9から27.1へと毎年確実に利益率を改善しているのが注目される。

(b) **総資産純利益率**（表3-32）

ここでも，この業種の5年度間平均数値は，売上高純利益率と同じく，4.9と高い数値を示している。任天堂（11.4），ファナック（10.56），マキタ（10.36）の絶対優位も変わらない。第2のグループには，マブチモーター（4.08），オムロン（3.78），カシオ計算機（2.26），富士通ゼネラル（2.14），そして船井電機（1.04）が入る。5年度間平均の赤字は，日立マクセル（－1.56）1社にとどまっている。

5年度期間中，総資産純利益率が最高値を示したのは，2005年度には，マブチモーター（6.1），富士通ゼネラル（3.3），そして船井電機（10.1）であった。

表 3-32 電子機器企業の総資産純利益率

企業名＼年度	2009	2008	2007	2006	2005	平均
ファナック	10 ⑤	12.1 ⑤	11.2 ⑤	10 ⑤	9.5 ④	10.56
オムロン	－5.4 ⓪	6.9 ④	6.1 ④	6.1 ④	5.2 ④	3.78
任天堂	15.4 ⑤	14.3 ⑤	11.1 ⑤	8.5 ④	7.7 ④	11.4
マキタ	9.9 ④	11.9 ⑤	10.0 ⑤	12.4 ⑤	7.6 ④	10.36
マブチモーター	1.9 ②	4.7 ③	4.5 ③	3.2 ③	6.1 ④	4.08
日立マクセル	－11.1 ⓪	0.6 ①	1.1 ②	1.1 ②	0.5 ①	－1.56
富士通ゼネラル	1.4 ②	2.3 ②	0.7 ①	3 ③	3.3 ③	2.14
船井電機	－8.7 ⓪	－2.4 ⓪	－1.3 ⓪	7.5 ④	10.1 ⑤	1.04
カシオ計算機	－5.2 ⓪	2.7 ③	4.8 ③	4.7 ③	4.3 ③	2.26
平均	0.91	5.9	5.36	6.28	6.03	4.9

2007年度は，日立マクセル（1.1）とカシオ計算機（4.8）である。2008年度には，ファナック（12.1）そして2009年度には任天堂（15.4）が，不況時にかかわらず，最高の総資産純利益率を上げている。

しかしここでも，2009年度のマイナスの影響は少くなかった。9社の年度業種平均利益率は，5.9から0.91へと激減している。この年度，オムロン（－5.4），日立マクセル（－11.1），船井電機（－8.7）そしてカシオ計算機（－5.2）は，いずれも相当なマイナスの数値を残した。

なお，任天堂は，2005年度以来5年度間（7.7から15.4へ），そしてファナックは，2008年度まで4年度間（9.5から12.1へ）と毎年連続して総資本純利益率の上昇を維持している。

② 安定性

(a) 株主持分比率（表 3-33）

利益性が高く，資産運用にも優れている電子機器企業の株主持分比率の5年

表 3-33　電子機器企業の株主持分比率

企業名 \ 年度	2009	2008	2007	2006	2005	平均
ファナック	89.4 ⑤	83.9 ⑤	83.4 ⑤	85.7 ⑤	84.9 ⑤	85.46
オムロン	55.4 ③	59.7 ③	60.7 ③	61.6 ③	52.2 ③	57.92
任天堂	69.2 ③	68.2 ③	69.9 ③	82.9 ⑤	81.4 ⑤	74.32
マキタ	84.2 ⑤	81.9 ⑤	82.1 ⑤	81.8 ⑤	75.8 ④	81.16
マブチモーター	95 ⑤	92.6 ⑤	92 ⑤	93 ⑤	93 ⑤	93.12
日立マクセル	75.5 ④	73.2 ③	74.6 ③	69.5 ③	67.9 ③	72.14
富士通ゼネラル	17.7 ①	16.8 ①	16.6 ①	15.3 ①	12 ⓪	15.68
船井電機	67.6 ③	70.3 ③	68.5 ③	68.6 ③	68.2 ③	68.64
カシオ計算機	41.2 ②	49.4 ②	42.6 ②	38.1 ②	32.7 ②	40.8
平均	66.13	66.22	65.6	66.28	63.12	65.47

度間業種平均は，65.47であり，堅実な経営基盤を提供している。

5年度間の期間で，最も年度別比率の高かったのは，任天堂（82.9）とオムロン（61.6）が2006年度，そして2008年度が船井電機（70.3）およびカシオ計算機（49.4）であった以外は，すべて2009年度に集中していた。マキタ（84.2），マブチモーター（95），日立マクセル（75.5）そして富士通ゼネラル（17.7）がこれに当たる。

増加率は決して大きいとはいえないが，この5年度期間に，富士通ゼネラルが2005年度から2009年度まで5年度間，そしてカシオ計算機が，2005年度から2008年度までの4年度間，継続して持分比率を高める努力をしてきたことは注目に値する。

2009年度の不況は，株主持分比率に関する限り，あまり大きなマイナスの影響を持たなかったようである。前年度対比でマイナスを記録したのは，オムロン（59.7から55.4へ），船井電機（70.3から67.6へ），そしてカシオ計算機（49.4から41.2へ）に限られている。

(b) 有利子負債比率（表 3-34）

電子機器企業のうち 6 社は（ファナック 0，オムロン 4.3，任天堂 0，マキタ 1.04，マブチモーター 0.24，日立マクセル 7.38，そして船井電機 6.82）とほとんど無借金に近い経営を続けてきた。ただし，富士通ゼネラルとカシオ計算機は，それぞれ 35.04，そして 20.66 の 5 年度間平均債務を抱えている。

この業種企業の 5 年度業種有利子負債比率の平均は，8.39 と 11 業種の中でも医薬品に次ぐ良好な数値を示している。

表 3-34 電子機器企業の有利子負債比率

企業名＼年度	2009	2008	2007	2006	2005	平均
ファナック	0 ⑤	0 ⑤	0 ⑤	0 ⑤	0 ⑤	0
オムロン	10 ④	3.2 ⑤	3.5 ⑤	0.6 ⑤	4.2 ⑤	4.3
任天堂	0 ⑤	0 ⑤	0 ⑤	0 ⑤	0 ⑤	0
マキタ	0.3 ⑤	0.6 ⑤	0.53 ⑤	0.65 ⑤	3.1 ⑤	1.04
マブチモーター	1.2 ⑤	0 ⑤	0 ⑤	0 ⑤	0 ⑤	0.24
日立マクセル	5.6 ⑤	4.3 ⑤	4.4 ⑤	11.4 ④	11.2 ④	7.38
富士通ゼネラル	33.2 ③	31.4 ③	35.7 ②	32.9 ③	42 ①	35.04
船井電機	6.8 ⑤	6.4 ⑤	4.99 ⑤	12 ④	3.9 ⑤	6.82
カシオ計算機	21.9 ④	10.5 ④	15.9 ④	24 ④	31 ③	20.66
平均	8.78	6.27	7.22	9.06	10.6	8.39

③ 創造性（表 3-35）

電子機器企業の売上高に対する研究開発費の割合は，5 年度間業種平均で 4.26 と意外に低い水準にある。5 以上の数値を保った企業は，オムロン（7.53）そしてファナック（5.2）の 2 社のみである。その他は 4 ％台が，富士通ゼネラル（4.5），日立マクセル（4.49），マブチモーター（4.17），船井電機（4.04），

表 3-35　電子機器企業の創造性

企業名＼年度	2009	2008	2007	2006	2005	平均
ファナック	8.9 ②	3.98 ①	4 ①	4.57 ①	4.57 ①	5.20
オムロン	7.8 ②	6.75 ②	7 ②	8 ②	8.1 ②	7.53
任天堂	2.3 ①	2.2 ①	3.9 ①	5.99 ②	3.98 ①	3.67
マキタ	2.3 ①	1.7 ①	1.9 ①	2 ①	2 ①	1.98
マブチモーター	4.2 ①	3.9 ①	4 ①	4.77 ①	4 ①	4.17
日立マクセル	4.4 ①	4.4 ①	4.25 ①	4 ①	5.4 ②	4.49
富士通ゼネラル	3.4 ①	4 ①	4.6 ①	5 ②	5.5 ②	4.5
船井電機	4.2 ①	5.3 ②	3.7 ①	3.9 ①	3.1 ①	4.04
カシオ計算機	2.4 ①	2.35 ①	2.9 ①	3.1 ①	2.97 ①	2.74
平均	4.43	3.84	4.03	4.59	4.40	4.26

　3％台が任天堂（3.67），2％台がカシオ計算機（2.74），1％台がマキタ（1.98）の順序になっている。

　2009年度の不況に，この業種の企業はどう対処したのか。この点ファナックが，前年度対比で研究開発比率を3.98から8.9に引き上げた以外は，あまり大きな変化はみられない（他社の引き上げは0.05から1.1の範囲に限られている）。

　利益も上がり，経営基盤もしっかりした業界で，競争激化にもかかわらず，この程度の研究開発比率引き上げで間に合うのか。この業種に研究開発費はさほど必要ではないのか。総資本純利益率の項目でもみたように，資産の有効な運用が，このような低い比率を妥当なものとしているのか。また，比率と金額とは少なくとも。この業種の研究開発費が，他業種よりもより有効な結果を生んでいるのか。将来の研究課題として残されるところである。

(8) 精密機械企業

短評－利益性の強い企業と弱い企業が混在。伝統的企業が多い割に，株主持分比率のレベルが低い。有利子負債比率は上昇気味。2009年度には研究開発費が僅増。

① 利益性

(a) 売上高純利益率（表3-36）

機密機械企業は，かつては日本の輸出立国の中軸的な存在であった。しかし，今やキヤノンを例外的存在として，その影響が大変薄くなってしまっているという他はない。まことに残念である。

キヤノンが，5年度間平均で，9.9という高い売上高純利益率を誇っているのにもかかわらず，この業種の同じ期間の全体平均値は，3.77と11業種の中では，自動車関連，総合電機2業種のみの上位に立つにとどまっている。

表3-36 精密機械企業の売上高純利益率

企業名＼年度	2009	2008	2007	2006	2005	平均
キヤノン	7.55 ②	10.9 ③	10.97 ③	10.2 ③	9.9 ②	9.9
リコー	0.3 ⓪	4.8 ①	5.4 ②	5 ②	4.6 ①	4.02
ヤマハ楽器	−4.5 ⓪	7.2 ②	5 ②	4.8 ①	3.7 ①	3.24
セイコーエプソン	−9.9 ⓪	1.4 ①	−0.5 ⓪	−1.15 ⓪	3.76 ①	−1.28
コニカミノルタ	1.6 ①	6.4 ②	7 ②	−5 ⓪	0.7 ⓪	2.14
ブラザー	3.2 ①	4.78 ①	5.1 ②	4.25 ①	4.65 ①	4.4
ニコン	3.2 ①	7.9 ②	6.7 ②	3.95 ①	3.78 ①	5.11
ミネベア	0.95 ⓪	5 ②	3.9 ①	1.3 ①	1.9 ①	2.61
平均	0.3	6.05	5.45	2.92	4.12	3.77

キヤノンに続くのは，ニコン（5.11），ブラザー（4.4），そしてリコー（4.02）である。ヤマハ楽器は3ポイント台（3.24），コニカミノルタとミネベアは2ポイント台（2.14と2.61）にとどまっている。かつて時計の輸出で世界を征したセイコーエプソンは，-1.28に沈んでいる。

2005年度から2007年度・2008年度にかけて，キヤノン（9.9から10.97へ），ニコン（3.78から7.9へ），リコー（4.6から5.4へ），そしてヤマハ楽器（3.7から7.2へ）は，毎年着実に利益率を改善してきた。

しかし，2009年度の不況は，この業種に属する企業を強襲した。所属する8社ほとんどの利益率が，5年度期間の最低となった。さらにセイコーエプソンは，-9.9，そしてヤマハ楽器も-4.5という大幅な純損失を残した。

なお，年度別最大利益率は，2005年度がセイコーエプソンで3.76，2007年度には，キヤノンが10.97，リコーが5.4，コニカミノルタが7，そしてブラザーが5.1と記録されている。この他不況直前の2008年度には，ヤマハ楽器（7.2），ニコン（7.9）そしてミネベア（5）が，5年度期間中最高値を残している。

(b) **総資産純利益率**（表3-37）

ここでは，5年度間の業種平均は，3.98であった。8社中，5年度間平均値で，上位にあるのは，キヤノン（9.56），ブラザー（6.3），そしてニコン（5.64）であり，中位にリコー（3.88），ヤマハ楽器（3.32）ミネベア（2.5），そしてコニカミノルタ（2.28）が位置している。ここでもセイコーエプソンの総資産純利益率は，-1.62と沈んでいる。

5年度間で，個別企業で総資産純利益率が最も高かったのは，2005年度がセイコーエプソンで4.3，2007年度がリコーの5，コニカミノルタの7.6，そしてブラザーの7.1，さらに2008年度には，キヤノンの10.8，ヤマハ楽器の7.3，ニコンの9.2，そしてミネベアの5.1が記録されている。

2009年度にきた不況の影響は大きかった。コニカミノルタ（同社のボトムは2006年度で-5.8）を除く7社は，この年に5年度間の総資産純利益率の最低値を体験した。キヤノンが7.8，リコーが0.3，ブラザーが4.5，ニコンが3.7

第3章 個別企業の利益性，安全性，創造性のパフォーマンスの評価と分析　99

表3-37　精密機械企業の総資産純利益率

企業名 \ 年度	2009	2008	2007	2006	2005	平均
キヤノン	7.8 ④	10.8 ⑤	10.1 ⑤	9.5 ④	9.6 ④	9.56
リコー	0.3 ①	4.8 ③	5 ④	4.8 ③	4.5 ③	3.88
ヤマハ楽器	−5.0 ⓪	7.3 ④	5 ④	5.4 ④	3.9 ③	3.32
セイコーエプソン	−12.1 ⓪	1.7 ②	−0.6 ⓪	−1.4 ⓪	4.3 ③	−1.62
コニカミノルタ	1.7 ②	7.1 ④	7.6 ④	−5.8 ⓪	0.8 ①	2.28
ブラザー	4.5 ③	6.9 ④	7.1 ④	7.1 ④	5.9 ④	6.3
ニコン	3.7 ③	9.2 ④	7.3 ④	4.2 ③	3.8 ③	5.64
ミネベア	0.9 ①	5.1 ④	3.6 ③	1.2 ②	1.7 ②	2.5
平均	0.23	6.61	5.64	3.13	4.31	3.98

そしてミネベアが0.9というのがその内容である。さらに，セイコーエプソンでは，−12.1，そしてヤマハ楽器でも−5という相当大きなマイナスの数値が記録されている。

② **安定性**

(a) **株主持分比率**（表3-38）

精密機械企業における5年度間の株主持分比率の業種平均は47.37である。キヤノン（67.6）とヤマハ楽器（60.2），そしてブラザー（52.34）は50〜60%台，コニカミノルタ（38.66）とミネベア（36.44）そしてセイコーエプソン（36.22）が30%台である。決して高い比率ではない。

5年度期間中，2008年度には，リコーが48.8，ヤマハ楽器が62.9，セイコーエプソンが39.3そしてミネベアが40.7と期間最高の持分比率を上げた。

2009年度の不況時にもこの傾向は続く。キヤノンが71.7，コニカミノルタが45，ブラザーが58.3そしてニコンが50.5といずれも対前年度比を引き上げたというのが一つの成果であった。

表 3-38　精密機械企業の株主持分比率

企業名＼年度	2009	2008	2007	2006	2005	平均
キヤノン	71.7 ③	67.5 ③	66.7 ③	67.3 ③	64.8 ③	67.6
リコー	38.8 ②	48.8 ②	47.7 ②	47 ②	44.2 ②	45.3
ヤマハ楽器	60.9 ③	62.9 ③	62 ③	60.8 ③	54.4 ③	60.2
セイコーエプソン	33 ②	39.3 ②	36.6 ②	35.8 ②	36.4 ②	36.22
コニカミノルタ	45 ②	43 ②	38.6 ②	31.1 ②	35.6 ②	38.66
ブラザー	58.3 ③	55.1 ③	52.7 ③	52 ③	43.6 ②	52.34
ニコン	50.5 ③	47.9 ②	46.5 ②	35.2 ②	30.9 ②	42.2
ミネベア	37.1 ②	40.7 ②	40.1 ②	33.6 ②	30.7 ②	36.44
平均	49.4	50.05	48.86	45.35	42.58	47.37

不振な利益性を超えて，安定性の基盤を維持するという期待が垣間みられる。

(b)　有利子負債比率（表 3-39）

　精密機械企業は，低い利益性の補強，そして持分比率の維持のため，キヤノンを除く7社が，2008年度に有利子負債の減少を計った。そのため2008年度の年度別有利子負債比率は，5年度期間中最小となった。

　しかし，それだけでは，2009年度の不況を乗り切るのには不十分だった。このためか2009年度において，セイコーエプソン（37.7）が7.7，ミネベア（48.3）が6.9，ニコン（14.1）が4.8，そしてコニカミノルタ（25）が1.7，ヤマハ楽器（4.5）が0.6，そしてブラザー（9）が0.4と負債比率を増加させている。これに対してキヤノン（0.3）では，反対にこの比率を0.3ポイント減少させた。

　精密機械企業の5年度間の平均有利子負債比率は，20.25ポイントであった。これは，自動車製造企業そして総合電機企業などに次ぐ高い数値といえる。

第3章　個別企業の利益性，安全性，創造性のパフォーマンスの評価と分析　　101

表 3-39　精密機械企業の有利子負債比率

企業名＼年度	2009	2008	2007	2006	2005	平均
キヤノン	0.3 ⑤	0.6 ⑤	0.47 ⑤	0.7 ⑤	1 ⑤	0.61
リコー	31 ③	17.4 ④	18.5 ④	18.7 ④	21 ④	21.32
ヤマハ楽器	4.5 ⑤	3.9 ⑤	4.6 ⑤	5.5 ⑤	9.2 ⑤	5.54
セイコーエプソン	37.7 ②	30 ③	31.48 ③	32.4 ③	30.4 ③	32.396
コニカミノルタ	25 ③	23.3 ④	24.1 ④	25 ③	25.6 ③	24.6
ブラザー	9 ⑤	8.6 ⑤	8.8 ⑤	10.8 ④	23.5 ④	12.14
ニコン	14.1 ④	9.3 ⑤	14 ④	25.9 ③	30.8 ③	18.82
ミネベア	48.3 ①	41.4 ①	42.3 ①	48.9 ①	51.9 ①	46.56
平均	21.24	16.81	18.03	20.99	24.18	20.25

③　創造性（表 3-40）

　精密機械企業の5年度間にみた売上高に対する研究開発費率の平均は，5.84であった。キヤノンが，5年度間平均で 8.05，コニカミノルタが 7.11，セイコーエプソンが 6.28，ニコンが 5.98，ブラザーが 5.81，リコーが 5.81，ヤマハ楽器が 4.66，ミネベアが 3.0 というのがその内訳である。

　5年度間の期間中，2005年度にはリコー（6.0）が，2008年度にはブラザー（7.6）が，この比率の期間最高値を記録した。

　2009年度の不況対策として，ブラザー（6.1 で－1.5）を除く他の7社は，すべて研究開発費の割合を増加させた。セイコーエプソンが 7.3 で＋1.2，コニカミノルタとニコンが 8.6 と 7 で各＋1，キヤノンが 9.14 で＋0.94，ミネベアが 3.7 で＋0.7，ヤマハ楽器が 5 で＋0.5，そしてリコーが 5.98 で＋0.28 というのがその内訳である。

　研究開発費のこの程度の強化で不況を乗りきれるのか。一抹の不安が残されるところではある。

表 3-40　精密機械企業の創造性

企業名＼年度	2009	2008	2007	2006	2005	平均
キヤノン	9.14 ②	8.2 ②	7.4 ②	7.6 ②	7.9 ②	8.05
リコー	5.98 ②	5.7 ②	5.6 ②	5.75 ②	6 ②	5.81
ヤマハ楽器	5 ②	4.5 ①	4.4 ①	4.5 ①	4.9 ①	4.66
セイコーエプソン	7.3 ②	6.1 ②	6 ②	5.99 ②	6 ②	6.28
コニカミノルタ	8.6 ②	7.6 ②	7 ②	6.27 ②	6.1 ②	7.11
ブラザー	6.1 ②	7.6 ②	6 ②	5 ②	4.35 ①	5.81
ニコン	7 ②	6 ②	5.7 ②	5 ②	6.2 ②	5.98
ミネベア	3.7 ①	3 ①	2.7 ①	2.8 ①	2.79 ①	3
平均	6.60	6.09	5.6	5.36	5.53	5.84

(9)　ガラス・土石企業

　　短評－2009年度不況ショックの利益性に与えた影響大。不況時には株主持分比率の強化に熱心。しかし，近年借入金を増加させる傾向もある。不況克服には研究開発を強化。

① 利益性

(a) 売上高純利益率（表3-41）

　5年度間の平均値は，7.76である。HOYA（17.33），日本ガイシ（8.21）そして日本電気硝子（7.43）などが，業種を牽引している。一番大型の旭硝子は，中間の4.28であった。

　日本特殊陶業は，かつて非常に高い利益性（2007年度に9.9）を上げた企業であるが，2009年度の不況時において，マイナス24.5となり，それが5年度間の平均値を1.54にまで低下させた。

　5年度間において，利益が最も最大値を示したのは，HOYAが21.97で

第3章　個別企業の利益性，安全性，創造性のパフォーマンスの評価と分析　103

表3-41　ガラス・土石企業の売上高純利益率

企業名＼年度	2009	2008	2007	2006	2005	平均
旭硝子	5.3 ②	4.1 ①	2.8 ①	3.9 ①	5.3 ②	4.28
日本電気硝子	6.5 ②	13.8 ③	12 ③	1 ①	3.85 ①	7.43
HOYA	5.5 ②	17 ④	21.4 ⑤	21.97 ⑤	20.8 ⑤	17.33
日本ガイシ	8.95 ②	12.6 ③	9.2 ②	5.8 ②	4.5 ①	8.21
日本特殊陶業	－24.5 ⓪	6.4 ②	9.9 ②	8.8 ②	7.1 ②	1.54
平均	0.35	10.78	11.06	8.29	8.31	7.76

2006年度，日本特殊陶業が9.9で2007年度，日本電気硝子と日本ガイシがそれぞれ13.8と12.6で2008年度，そして旭硝子が5.3で，2009年度と分散している。

2009年度に不況は，ガラス・土石企業においても，相当大きなマイナスの結果を生んだ。2008年度から2009年度にかけて，個別企業の売上高純利益率は，HOYAで対前年度比－11.5，日本電気硝子で－7.3，日本ガイシで－3.65，日本特殊陶業で－31と大幅な減少とみた。他方旭硝子では，2009年度（5.3）に，前年度に比べ1.2の増益となっている。

(b)　**総資産純利益率**（表3-42）

5年度間の業種平均数値は5.46である。HOYAの総資産純利益率期間平均は，14.76と最も高く，これに5.12の日本ガイシ，4.64の日本電気硝子そして旭硝子の2.92が続く。日本特殊陶業は，ここでも2009年度－26となり，5年度間平均値が－0.12と低下した。

2005年度から2008年度までの個別企業の利益率の動きをみると，期間中最高値が記録されたのは，2005年度旭硝子の4.2，2006年度HOYAの20.9，2007年度日本特殊陶業の8.2，2008年度日本電気硝子の8.6そして日本ガイシの8.2と，売上高純利益率にも似たトレンドを示している。

不況の影響はここでも明らかである。2009年度の利益率を，2008年度のそ

表 3-42　ガラス・土石企業の総資産純利益率

企業名＼年度	2009	2008	2007	2006	2005	平均
旭硝子	2.1 ②	3.3 ③	2.1 ②	2.9 ③	4.2 ③	2.92
日本電気硝子	3.7 ③	8.6 ④	7.8 ④	0.7 ①	2.4 ②	4.64
HOYA	4.2 ③	11.9 ⑤	18.6 ⑤	20.9 ⑤	18.2 ⑤	14.76
日本ガイシ	5.5 ④	8.2 ④	5.7 ④	3.4 ③	2.8 ③	5.12
日本特殊陶業	－26 ⓪	5.4 ④	8.2 ④	6.5 ④	5.3 ④	－0.12
平均	－2.1	7.48	8.48	6.88	6.58	5.46

れと対比すると，一番大きなマイナスが HOYA (4.2) の－7.7 であり，これに日本電気硝子 (3.7) の－4.9，そして日本ガイシ (5.5) の－2.7 が続いている。

② 安定性

(a) 株主持分比率（表 3-43）

57.89 というのが，ガラス・土石企業の 5 年度間業種平均値である。ここでは，HOYA の 70.28，日本特殊陶業の 68.14，日本ガイシの 56.96，日本電気硝子の 52.26，そして旭硝子の 41.82 へと続く。

個別企業の持分比率が，5 年度間で最も高かったのは，2007 年度の HOYA

表 3-43　ガラス・土石企業の株主持分比率

企業名＼年度	2009	2008	2007	2006	2005	平均
旭硝子	39.4 ②	45.8 ②	44 ②	41.1 ②	38.8 ②	41.82
日本電気硝子	59.3 ③	58.3 ③	52.3 ③	47.5 ②	43.9 ②	52.26
HOYA	56.7 ③	56.7 ③	81.6 ⑤	77.3 ④	79.1 ④	70.28
日本ガイシ	63.8 ③	57 ③	55.3 ③	52.8 ③	55.9 ③	56.96
日本特殊陶業	66.2 ③	69.6 ③	69.4 ③	67.1 ③	68.4 ③	68.14
平均	57.08	57.48	60.52	57.16	57.22	57.89

(81.6), 2008年度の旭硝子 (45.8) および日本特殊陶業 (69.6), そして2009年度の日本ガイシ (63.8) であった。

持分比率に関する限り, 2009年度の不況は, この業界企業に, さほど大きな影響を与えなかった。旭硝子 (2009年度39.4) と日本特殊陶業 (66.2) の2社だけが, それぞれ−6.4, そして−3.4と持分比率を下降させたが, 他の2社, 日本ガイシ (63.8) と日本電気硝子 (59.3) では, 反対にこの比率を向上させている。なお, HOYAのこの比率 (56.7) に変化はみられなかった。

(b) **有利子負債比率** (表3-44)

売上高に対する有利子負債比率の5年度間業種平均は, 17.38と相当に低い。HOYAは, 9.27, 日本ガイシは15.39, 日本特殊陶業は10.19とこの比率を比較的に低く抑えている。しかし, 旭硝子および日本電気硝子の28.62および23.45が, 業種全体の比率を高めている。

借入金の割合が最小だった年度は, 日本ガイシ (13.86) で2005年度, 旭硝子 (25.8) と日本特殊陶業 (7.6) で2007年度であった。HOYAは, 2005年度から2007年度までは無借金経営を続けてきたが, 2008年度と2009年度には, それぞれ19.5および26.8と負債の割合を増やしている。

2009年度の不況に対応して, ガラス・土石関連の旭硝子, 日本電気硝子, HOYAそして日本特殊陶業は, いずれも借入の数値を増加させた。旭硝子が

表3-44 ガラス・土石企業の有利子負債比率

企業名＼年度	2009	2008	2007	2006	2005	平均
旭硝子	37.8 ②	26.3 ③	25.8 ③	26.2 ③	27 ③	28.62
日本電気硝子	21.9 ④	16.45 ④	22.4 ④	25.2 ③	31.3 ③	23.45
HOYA	26.8 ③	19.5 ④	0 ⑤	0 ⑤	0.055 ⑤	9.27
日本ガイシ	14 ④	15.7 ④	17 ④	16.4 ④	13.86 ④	15.39
日本特殊陶業	13.1 ④	9.87 ⑤	7.6 ⑤	9.5 ⑤	10.9 ④	10.19
平均	22.72	17.56	14.56	15.46	16.62	17.38

37.8 で+11.5, 日本電気硝子が 21.9 で+5.45, HOYA が 26.8 で+7.3, そして日本特殊陶業が 13.1 で+3.23 というのがその内訳である。他方日本ガイシは, 借入の数値を 1.7 下降させている。

③ **創造性**（表 3-45）

表 3-45　ガラス・土石企業の創造性

企業名＼年度	2009	2008	2007	2006	2005	平均
旭硝子	2.6 ①	2 ①	1.9 ①	2 ①	2.2 ①	2.14
日本電気硝子	1.5 ①	1.4 ①	1.3 ①	0.87 ①	1.03 ①	1.22
HOYA	3.8 ①	3.6 ①	3.8 ①	4 ①	3.54 ①	3.75
日本ガイシ	4.7 ①	3.6 ①	3.8 ①	3.9 ①	4.5 ①	4.1
日本特殊陶業	6 ②	5 ②	4.7 ①	5.1 ②	5.9 ②	5.34
平均	3.72	3.12	3.1	3.17	3.43	3.31

ガラス・土石企業において売上高に対する研究開発費の割合は低く, 5 年度間平均で 3.31 である。5 社の中で, この比率が最も高いのは, 日本特殊陶業の 5.34 であり, これに日本ガイシの 4.1, HOYA の 3.75, 旭硝子の 2.14 そして日本電気硝子の 1.22 が続く。

2009 年度の不況が発生した時, ガラス・土石 5 社は, いずれも研究開発費率を, 5 年度間通じた最高レベルに引き上げて, 不況克服を期待しているようである。しかし, この引き上げの幅はそれ程大きくはない。その内訳は, 旭硝子が 2.6 で+0.6, 日本電気硝子が 1.5 で+0.1, HOYA が 3.8 で+0.2, 日本ガイシが 4.7 で+1.1, そして日本特殊陶業が 6 で+1 というところである。

⑽　**医薬品企業**

短評－高い利益性。不況の影響には持分比率の減少で対応。非常に低い負債比率を保ってきたが最近では, 借入金を増やす傾向も出てきた。研

究開発に多大な費用がかかることを苦慮。

① **利益性**

(a) **売上高純利益率**（表3-46）

医薬品企業の売上高純利益率の5年度間業種平均値は，11.93であり，11業種の中では，最高のレベルを維持している。これには，武田の23.44，アステラスの13.9，そしてテルモの12.96が大きく貢献している。この3社を追うのが，エーザイの7.03そして第一三共の2.3である。

表3-46 医薬品企業の売上高純利益率

企業名＼年度	2009	2008	2007	2006	2005	平均
武田	15.2 ④	25.8 ⑤	25.7 ⑤	25.8 ⑤	24.7 ⑤	23.44
第一三共	−25.6 ⓪	11 ③	8.45 ②	9.47 ②	8.2 ②	2.30
エーザイ	6 ②	−2.3 ⓪	10.5 ③	10.54 ③	10.4 ③	7.03
アステラス	17.7 ④	18.2 ④	14.3 ③	11.79 ③	7.5 ②	13.9
テルモ	12.2 ③	14.2 ③	13.5 ③	13.1 ③	11.79 ③	12.96
平均	5.1	13.38	14.49	14.14	12.52	11.93

年度別にみて個別企業が5年度間最高の利益率を出したのは，2006年度および2008年度25.8の武田，そして2008年度の第一三共（11），アステラス（18.2），そしてテルモ（14.2）であった。アステラスの18.2そしてテルモの14.2という数値は，共に2005年度以来毎年継続した利益率改善努力の結果である。

2009年度の不況で一番大きな影響を受けたのは第一三共（−25.6）である。武田も前年度25.8から15.2へと利益率を落とした。しかし他の4社の受けた被害は，1〜2ポイント程度と軽かった。

(b) **総資産純利益率**（表3-47）

5年度間総資産純利益率の業種平均値は，7.26と最高のレベルにある。武田

が10.62, テルモが9.66, アステラスが8.82, エーザイが5.7 そして第一三共が1.48というのがその内訳である。

表3-47 医薬品企業の総資産純利益率

企業名＼年度	2009	2008	2007	2006	2005	平均
武田	8.5 ④	12.5 ⑤	10.9 ⑤	10.3 ⑤	10.9 ⑤	10.62
第一三共	−14.4 ⓪	6.6 ④	4.8 ③	5.5 ④	4.9 ③	1.48
エーザイ	4.2 ③	−1.5 ⓪	8.9 ④	8.5 ④	8.4 ④	5.7
アステラス	12.7 ⑤	12.3 ⑤	8.9 ④	6.5 ④	3.7 ③	8.82
テルモ	9.7 ④	10.6 ⑤	10.1 ⑤	9.2 ④	8.7 ④	9.66
平均	4.14	8.1	8.72	8	7.32	7.26

　個別企業の5年度間の最高値を探ると, 2007年度には, エーザイの8.9, 2008年度には12.5の武田, 6.6の第一三共, そして10.6のテルモであったことがわかる。なお, 2009年度に, アステラスは, 12.7という最高値に到達したが, これが, 2005年度の3.7以来継続した改善努力の結果であるのは注目に値する。

　2009年度の不況は, 医薬品企業の総資産純利益率にも相当大きなマイナスの影響を及ぼした。第一三共は, −14.4という大きな純損失を出した。武田の8.5というのは, 前年度対比で4ポイントのマイナスである。テルモの利益率も前年度の10.6から9.7へと0.9下降した。しかし, アステラスにおいては, 前年度の12.3から2009年度の12.7へと0.4の改善がみられた。エーザイについては, 4.2であったが, これは2008年度の−1.5から5.7ポイントの改善を実現したものである。

② **安定性**

(a) **株主持分比率**（表3-48）

　医薬品企業の持分比率の5年度間業種平均値は, 71.96と非常に高く, 11業種中第1位である。武田 (77.5), アステラス (77.22), テルモ (74), 第一三

共（73.94）そしてエーザイ（57.16）の順序である。関係した企業が5年度間最高の数値に到達した年度は，企業により，さまざまに分かれている。2005年度がアステラスの81.2, 2007年度が，エーザイの69.7とテルモの78.8そして2008年度が，武田の80および第一三共の83.6であった。

表 3-48 医薬品企業の株主持分比率

企業名＼年度	2009	2008	2007	2006	2005	平均
武田	72.9 ③	80 ⑤	78.8 ④	77.2 ④	78.6 ④	77.5
第一三共	57.7 ③	83.6 ⑤	77.5 ④	77.5 ④	73.4 ③	73.94
エーザイ	37.3 ②	39.9 ②	69.7 ③	69.5 ③	69.4 ③	57.16
アステラス	76.3 ④	77.1 ④	74.7 ③	76.8 ④	81.2 ⑤	77.22
テルモ	73.4 ③	70.3 ③	78.8 ④	77.1 ④	70.4 ③	74
平均	63.25	70.18	75.9	75.62	74.6	71.96

　2009年度の不況への対処は，持分比率の引き下げによるところ大だったと思われる。引き下げの割合は，武田が80から72.9で－7.1, 第一三共が83.6から57.7で－25.9, エーザイが，39.9から37.3で－2.6, そしてアステラスが，77.1から76.3で－0.8であった。他方テルモだけは，2009年度に，前年度の70.3から3.1ポイント増加した73.4へと持分比率を強化している。

(b) **有利子負債比率**（表3-49）

　医薬品企業は，負債が少ないことでもよく知られている。5年度間の有利子負債比率平均も，4.6と非常に低率である。アステラスの5年度間有利子負債比率平均は0である。これにほとんど0の武田が続く。

　しかし，2009年度の不況対策では，エーザイ，第一三共そしてテルモで，この姿勢の変化をみた。まずエーザイは，2008年度に売上高および総資産純利益率をマイナスにしたが，それと平行してそれまでほとんど借金0であった財務体制を，2008年度には36.8そして2009年度には36.7の有利子負債比率

表 3-49　医薬品企業の有利子負債比率

企業名＼年度	2009	2008	2007	2006	2005	平均
武田	0.1 ⑤	0.1 ⑤	0.16 ⑤	0.17 ⑤	0.3 ⑤	0.17
第一三共	21.9 ④	0.005 ⑤	0.6 ⑤	1 ⑤	2 ⑤	5.1
エーザイ	36.7 ②	36.8 ②	— ⑤	— ⑤	— ⑤	14.7
アステラス	0 ⑤	0 ⑤	— ⑤	— ⑤	— ⑤	0
テルモ	6.6 ⑤	8.5 ⑤	— ⑤	— ⑤	— ⑤	3.02
平均	13.6	9.08	0.15	0.03	0.06	4.6

（注）－は無視できる範囲の負債比率

保有体制へと切り換えた。第一三共も 2009 年度の純損失発生の後，有利子負債比率を，これまた 21.9 にまで引き上げている。テルモには損失はない。しかし，テルモも，2008 年度には 8.5 そして 2009 年度には 6.6 と負債比率を残している。

③　創造性（表 3-50）

医薬品企業にとって，研究開発費の負担は大である。革新的な製品を生み出し続けることが激しい開発競争の中で，生存の鍵となるからである。11 業種の中で，医薬品 5 社にみる研究開発費の割合の 5 年度間平均値は，15.29 であり，11 業種中 1 番の高率である。武田が 17.44，第一三共が 18.12，エーザイが 19.35，アステラスが 15.53，そしてテルモが 5.99 というのがその内訳である。

最高率達成の年度は，企業毎に異なっている。2006 年度がテルモで 7.29，2007 年度がアステラスで 18.2，2008 年度がエーザイで 30.6 そして 2009 年度が武田で 29.4 であった。

2009 年度の不況対策克服のため，武田は，前年度の 2008 年度の 16.4 から 13 ポイント上の 29.4 へ，第一三共は 18.6 から 21.9 へと 13.3 ポイント，アステラスは 13.7 から 16.5 へと 2.8 ポイント，テルモも 5.1 から 5.6 へと 0.5 ポイ

表 3-50 医薬品企業の創造性

企業名 \ 年度	2009	2008	2007	2006	2005	平均
武田	29.4 ⑤	16.4 ④	14.8 ③	14 ③	12.6 ③	17.44
第一三共	21.9 ⑤	18.6 ④	18.3 ④	17.1 ④	14.7 ③	18.12
エーザイ	19.97 ④	30.6 ⑤	16 ④	15.5 ④	14.7 ③	19.35
アステラス	16.5 ④	13.7 ③	18.2 ④	16.1 ④	13.15 ③	15.53
テルモ	5.6 ②	5.1 ②	6 ②	7.29 ②	5.96 ②	5.99
平均	18.67	16.88	14.66	14	12.22	15.29

ントの研究開発費比率の増額を行っている。この間エーザイだけは，30.6から19.97へと比率を引き下げている。これは，2008年度における純損失の発生と，何かの関係があるのではないかとも推察される。

(11) 化学その他（統合事業）企業

　短評－統合事業の場合，2009年度ショックの影響は比較的少なかった。多角化の展開にもかかわらず，株主持分比率を向上させ，有利子負債も適当なレベルで抑えている。発展と安定は両立する。やや消極的ではあるが，地道な開発研究へのアプローチ。

① **利益性**

(a) **売上高純利益率**（表 3-51）

　化学その他（統合事業）企業の5年度間業種平均の売上高純利益率は，6.57である。富士フイルムが2，信越化学が11.56そして花王が6.14というのがその内訳である。

　この5年度間の最高値は，2005年度の花王の7.7，そして2008年度の信越化学の13.3と富士フイルムの3.7であった。信越化学は，2005年度（9.6）から2008年度（13.3）まで毎年順調に純利益率を向上させてきた。これに対し

表 3-51　化学その他（統合事業）企業の売上高純利益率

企業名＼年度	2009	2008	2007	2006	2005	平均
富士フイルム	0.43 ⓪	3.7 ①	1.2 ①	1.39 ①	3.3 ①	2.00
信越化学	12.9 ③	13.3 ③	11.8 ③	10.2 ③	9.6 ②	11.56
花王	5 ②	5 ②	5.7 ②	7.3 ②	7.7 ②	6.14
平均	6.11	7.33	6.23	6.3	6.87	6.57

て花王の場合には，同じ期間に2005年度の7.7以来，毎年若干ではあるが2009年度の5まで純利益率を落としてきた。

2009年度の不況は，富士フイルムの場合には利益率を，前年度の3.7から0.43へと，信越化学の場合には，13.3から12.9へと0.4と下降させるというマイナスの影響を持った。この間花王の数値は，5のまま変わらなかった。

(b)　**総資産純利益率**（表3-52）

5年度間にみた総資産純利益率の業種平均は，5.47であった。富士フイルムが1.72，信越化学が8.06，そして花王が6.64である。

この5年度間の個別企業の最高の利益率としては，花王が2005年度10.5，富士フイルムと信越化学が共に2008年度に，3.2および9.6という数値を残している。

2009年度不況についても，売上高純利益率ほど総資産純利益率に大きな上下動はみられなかった。富士フイルム（2009年度0.4）で−2.8，信越化学

表 3-52　化学その他（統合事業）企業の総資産純利益率

企業名＼年度	2009	2008	2007	2006	2005	平均
富士フイルム	0.4 ①	3.2 ③	1.0 ②	1.2 ②	2.8 ③	1.72
信越化学	9.2 ④	9.6 ④	8.3 ④	6.9 ④	6.3 ④	8.06
花王	5.8 ④	5.4 ④	5.7 ④	5.8 ④	10.5 ⑤	6.64
平均	5.13	6.07	5	4.63	6.53	5.47

(9.2) で−0.4 といった程度だ。花王に至っては，2008年度の5.4から2009年度の5.8へ0.4の改善すら発生させている。

② 安定性

(a) 株主持分比率（表 3-53）

統合事業企業は，3社共大型企業であるのにもかかわらず，株主持分比率は，安定しており，5年度間の業種平均持分比率は，61.2 と，医薬品そして電子機器に次ぎ，3番目に高い。5年度の期間で，最もこの数値が高かったのは，2005年度が花王（65.1），2006年度が富士フイルム（64.9），そして2009年度の信越化学（81.1）であった。不況時においても，3社はいずれも，前年度よりも株主持分比率を増やしている。とりわけ信越化学が，2005年度の67.5に始まって，毎年この比率を着実に上昇させ，2009年度に最高値81.1に到達したのが注目される。富士フイルムは2009年度に，2008年度の58.9から1.7ポイントを上げて60.6へ，そして花王は，46.6から2.1ポイントを上げて48.7となっている。活発で多角的な事業拡大，統合の動きにもかかわらず，企業の安定化を重視した結果であるとも思われる。

表 3-53　化学その他（統合事業）企業の株主持分比率

企業名＼年度	2009	2008	2007	2006	2005	平均
富士フイルム	60.6 ③	58.9 ③	59.5 ③	64.9 ③	62 ③	61.18
信越化学	81.1 ⑤	75 ④	71 ③	70.2 ③	67.5 ③	72.96
花王	48.7 ②	46.6 ②	45.2 ②	41.8 ②	65.1 ③	49.48
平均	63.47	60.17	58.57	58.97	64.87	61.2

(b) 有利子負債比率（表 3-54）

化学その他（統合事業）企業の5年度間を通した有利子負債比率の平均は，14.02と比較的低位にある。5年度間平均値は，富士フイルムが9.35，信越化学が3.75，そして花王が28.96であった。ここでも信越化学は，2005年度の8.16に始まり，毎年負債比率を減らして，2009年度の1.4にまで至っている。

富士フイルムは，2005年度に7.36でスタートしたが，2007年度以降は11.1〜11.3と，数値を2ケタに上げた。花王で，一番負債比率が高かったのは，2006年度の33.4であったが，以来毎年この比率を引き上げて，2009年度には24.6となった。

ここでも3社の経営安定志向が窺える。

2009年度の不況に際しても，この態度は変わらず，富士フイルムで対前年度比−0.2，信越化学で−0.37，そして花王で−0.8と有利子負債比率を減少させているのは見事である。

表 3-54　化学その他（統合事業）企業の有利子負債比率

企業名 \ 年度	2009	2008	2007	2006	2005	平均
富士フイルム	11.1 ④	11.3 ④	11.3 ④	5.7 ⑤	7.36 ⑤	9.35
信越化学	1.4 ⑤	1.77 ⑤	2.4 ⑤	5 ⑤	8.16 ⑤	3.75
花王	24.6 ④	25.4 ③	28.5 ③	33.4 ③	32.9 ③	28.96
平均	12.37	12.82	14.07	14.7	16.14	14.02

③ 創造性（表 3-55）

この業種に所属する企業の5年度間にみた売上に対する研究開発費の割合の平均は，4.55である。総合電機（5.62），建設機械（2.3）そしてガラス・土石（3.31）と類似して，決して高い数値とはいえない。個別企業でみれば，富士フイルムが5年度平均で6.84，花王が3.72そして信越化学が3.08である。

この数値は，年度によって若干の上下動を繰り返しているが，5年度間最高値に到達したのは，2005年度に花王（4.2），2008年度に信越化学（3.5）そして2009年度で富士フイルムの7.8となっている。対2008年度比でみると，信越化学は3.5から3へと0.5のマイナスであった。これに対して，富士フイルムでは6.6から7.8へ1.2ポイントプラス，花王の場合にも，3.4から3.6へ0.2ポイントのプラスが記録されている。

保守的な安定性への姿勢に加え，地味だが着実な開発研究へのアプローチが行われているように思う。

表 3-55 化学その他（統合事業）企業の創造性

企業名＼年度	2009	2008	2007	2006	2005	平均
富士フイルム	7.8 ②	6.6 ②	6.4 ②	6.8 ②	6.6 ②	6.84
信越化学	3 ①	3.5 ①	3.2 ①	2.8 ①	2.9 ①	3.08
花王	3.6 ①	3.4 ①	3.4 ①	4 ①	4.2 ①	3.72
平均	4.8	4.5	4.33	4.53	4.57	4.55

第4章
個別企業66社の経営パフォーマンス総合評価値のまとめ

■ 本章の目的

　本研究では，第2章で個別企業の売上高規模評価（海外売上高評価を含む），そして第3章では，個別企業の利益性，安全性，そして創造性ファクターの評価を行った。

　本章では，この4つのパフォーマンス・ファクター評価をまとめ，66社の総合評価値を算出しておきたいと思う。

　総合評価の説明は，関係業種の特殊性に配慮して，11業種を区別し，それに関連する企業にみる2005年度から2009年度の各年度別および，5年度間の平均値を示すことにより進めていきたいと思う。なお，業種内の企業リスティングについては，5年度間を通じた平均値の高いものから低いものへという順序で，整理して記載することにした。

　さらに，この総合値の理解を助けるため，各企業の総合値を示す図表には，その詳しい内容を示す付属表を添付しておく。

　最後に本章の末尾には，66の個別企業にみる5年度間を通じた平均パフォーマンス評価値のランキングを示す表4-23を添付しておきたいと思う。

1．パフォーマンス・ファクターの総合評価値

(1) 自動車製造企業

　短評1－規模とパフォーマンスの乖離。

　自動車製造企業8社にみる2005年度から2009年度までの年度別，そして5年度間通算の総合的なパフォーマンス・ファクターの評価値を表4-1および表4-2の内容詳細に提示する。
　自動車製造会社の総合パフォーマンス数値には，次のような特色と較差が認められる。
① 　この業種に含まれる8社は，いずれも売上高超大企業（評価値5ポイント）および大企業（4ポイント）である。大変なアドバンテージである。
② 　しかし，関連企業の2005年度から2009年度間にみた全体パフォーマンスの総合平均値は，決して高いとはいえない（12から16の間）。筆者が，国際化チャンピオンの資格要件の1つとしている，総合パフォーマンス評価値の最低値15ポイントを超えたのは，ホンダ（16.4）とヤマハ発動機（15）

表4-1　自動車製造企業の総合的な評価値

企業名＼年度	2009	2008	2007	2006	2005	平均
ホンダ	14	16	16	18	18	16.4
ヤマハ発動機	10	16	16	17	16	15
スズキ	12	15	15	15	16	14.6
トヨタ	9	16	16	15	15	14.2
いすゞ	10	16	17	14	13	14
日産	10	14	13	14	16	13.2
富士重工	10	14	13	13	13	12.6
マツダ	8	15	14	13	13	12.6
年度別平均	10.38	15.25	15	14.88	15	14.1

表 4-2 自動車製造企業パフォーマンス各関係項目の評価値

企業名	年度	規模	売利	資利	持株	有負	創造	合計
トヨタ	2009	5	0	0	2	1	1	9
	2008	5	2	4	2	2	1	16
	2007	5	2	4	2	2	1	16
	2006	5	2	3	2	2	1	15
	2005	5	2	3	2	2	1	15
日産	2009	5	0	0	2	1	2	10
	2008	5	1	3	2	2	1	14
	2007	5	1	3	2	1	1	13
	2006	5	2	3	2	1	1	14
	2005	5	2	4	2	2	1	16
ホンダ	2009	5	1	2	2	2	2	14
	2008	5	2	3	2	3	1	16
	2007	5	2	3	2	3	1	16
	2006	5	2	4	2	3	2	18
	2005	5	2	4	2	3	2	18
スズキ	2009	4	0	2	2	3	1	12
	2008	4	1	3	2	4	1	15
	2007	4	1	3	2	4	1	15
	2006	4	1	3	2	4	1	15
	2005	4	1	3	2	5	1	16
いすゞ	2009	4	0	0	2	3	1	10
	2008	4	1	4	2	4	1	16
	2007	4	2	4	2	4	1	17
	2006	4	1	4	1	3	1	14
	2005	4	1	4	0	3	1	13
富士重工	2009	4	0	0	2	3	1	10
	2008	4	1	2	2	4	1	14
	2007	4	1	2	2	3	1	13
	2006	4	1	2	2	3	1	13
	2005	4	1	2	2	3	1	13
マツダ	2009	4	0	0	1	2	1	8
	2008	4	1	3	2	4	1	15
	2007	4	1	3	1	4	1	14
	2006	4	1	3	1	3	1	13
	2005	4	1	3	1	3	1	13
ヤマハ発動機	2009	4	0	1	2	1	2	10
	2008	4	1	4	2	4	1	16
	2007	4	1	4	2	4	1	16
	2006	4	1	4	2	4	2	17
	2005	4	1	3	2	4	2	16

のみであった。もっとも5年の期間中には，この規準を越えた年度のあった企業も少なくない。しかし，2009年度の不況は，ホンダを含む8社全体の総合パフォーマンス数値を大きく低下させ，年度別平均値でも15.28から10.38へと下降し，それが5年度期間平均値（14.1）の引き下げに大きく寄与したものと思われる。

③　時系列的にみると，5年度間の期間で，関係8社が，総合パフォーマンス評価で，最大値を記録した年度は，次の通りであった。

　　(イ)　ホンダ　　　　　　18　　　　2005・2006年度
　　(ロ)　ヤマハ発動機　　　17　　　　2006年度
　　(ハ)　スズキ　　　　　　16　　　　2005年度
　　(ニ)　トヨタ　　　　　　16　　　　2007・2008年度
　　(ホ)　いすゞ　　　　　　17　　　　2007年度
　　(ヘ)　日産　　　　　　　16　　　　2005年度
　　(ト)　富士重工　　　　　14　　　　2008年度
　　(チ)　マツダ　　　　　　15　　　　2008年度
　　(リ)　年度別8社平均　　15.25　　 2008年度

ここで1つの問題は，各社の総合評価が，最大値を達成した後，多く低下を続ける傾向のあるということだ。

④　巨大な企業規模にもかかわらず，この業種のパフォーマンス・ファクターの総合評価値が低いのはなぜか。この点，筆者は，規模と他のパフォーマンス・ファクターの数値（とりわけ利益性）との間に，大きなアンバランスがあると考えている。

(2)　自動車部品企業

短評2－単なる規模よりも特色ある製品・技術の提供が必要。

自動車部品5社のうち，5年度間を通して平均値が，非常に高かったのは，シマノ（19.8）そしてデンソー（18）である（表4-3および4-4参照）。アル

表 4-3　自動車部品企業の総合的な評価値

企業名＼年度	2009	2008	2007	2006	2005	平均
シマノ	21	19	19	19	21	19.8
デンソー	13	20	19	20	18	18
アルパイン	13	15	17	17	16	15.6
ショーワ	9	15	16	16	16	14.4
ブリヂストン	11	14	14	17	15	14.2
サンデン	5	11	10	8	11	9
年度別平均	12	15.67	15.83	16.17	16.17	15.17

表 4-4　自動車部品企業パフォーマンス各関係項目の評価値

企業名	年度	規模	売利	資利	持株	有負	創造	合計
デンソー	2009	4	0	0	3	4	2	13
	2008	4	2	4	3	5	2	20
	2007	4	2	4	3	4	2	19
	2006	4	2	4	3	5	2	20
	2005	4	1	3	3	5	2	18
ブリヂストン	2009	4	0	1	2	3	1	11
	2008	4	1	3	2	3	1	14
	2007	4	1	3	2	3	1	14
	2006	4	2	4	2	4	1	17
	2005	4	1	3	2	4	1	15
ショーワ	2009	2	0	0	2	4	1	9
	2008	2	1	3	3	5	1	15
	2007	2	1	4	3	5	1	16
	2006	2	1	4	3	5	1	16
	2005	2	1	4	3	5	1	16
サンデン	2009	2	0	0	1	1	1	5
	2008	2	1	2	2	3	1	11
	2007	2	1	2	2	2	1	10
	2006	2	0	0	2	3	1	8
	2005	2	1	2	2	3	1	11
アルパイン	2009	2	0	0	3	5	3	13
	2008	2	1	2	3	5	2	15
	2007	2	1	3	3	5	3	17
	2006	2	1	3	3	5	3	17
	2005	2	1	4	3	5	1	16
シマノ	2009	2	3	5	5	5	1	21
	2008	2	2	4	5	5	1	19
	2007	2	2	4	5	5	1	19
	2006	2	2	4	5	5	1	19
	2005	2	3	5	5	5	1	21

パインは，15.6 とようやく国際化チャンピオンへの位置取りを確保している。それに 14 台で続くのがショーワ（14.4）とブリヂストン（14.2）であった。ここでも売上高規模の大きさが，必ずしもパフォーマンスレベルの高さを保証するものではないことが分かる。最後にサンデンは 5 年間低空飛行を続けたが，期間平均値も 9 と最後尾につけている。なお，不況にもかかわらず，シマノの 2009 年度パフォーマンスが 21 と，2005 年度に続き最高値をしめしているのは，注目に値するものと思う。自転車用部品や釣り具などユニークな製品による BRICS 市場の拡大と深耕などが，実を結び出したことによるものかと考える（『会社四季報』東洋経済新報社参照）。

自動車製造に似て，自動車部品の期間パフォーマンスの平均値も 15.17 と低調である。

(3) 建設機械企業

短評 3 − 堅実な経営だが，海外新市場の開拓に期待。

建設機械のクボタとコマツは，一時期共に 17 ポイントという高いパフォーマンスレベルを維持していた（5 年度間平均値でも 16 と 15.8）。しかし，2009 年度には日米欧の建機不振が深刻化し，中国，東南アジアの市場でもこれを補うことができず，パフォーマンス指数も共に 14 にまで下降した（表 4-5 および 4-6 参照）。

他方，同業の日立建機（13.4）は，2008 年度の 16 を除き，他の年度は 13 と 14，そして 2009 年度には 11 と低調であった。

表 4-5　建設機械企業の総合的な評価値

企業名＼年度	2009	2008	2007	2006	2005	平均
クボタ	14	16	17	17	16	16
コマツ	14	17	17	17	14	15.8
日立建機	11	16	14	13	13	13.4
年度別平均	13	16.3	16	15.67	14.3	15.07

表4-6　建設機械企業パフォーマンス各関係項目の評価値

企業名	年度	規模	売利	資利	持株	有負	創造	合計
コマツ	2009	4	1	3	2	3	1	14
	2008	4	2	4	2	4	1	17
	2007	4	2	4	2	4	1	17
	2006	4	2	4	2	4	1	17
	2005	4	1	3	2	3	1	14
クボタ	2009	4	1	3	2	3	1	14
	2008	4	2	3	2	4	1	16
	2007	4	2	4	2	4	1	17
	2006	4	2	4	2	4	1	17
	2005	3	3	4	2	3	1	16
日立建機	2009	3	1	2	2	2	1	11
	2008	3	2	4	2	4	1	16
	2007	3	1	4	2	3	1	14
	2006	3	1	3	2	3	1	13
	2005	3	1	3	2	3	1	13

なお，この業種の5年度間を通したパフォーマンス評価値は，15.07と自動車部品企業とほぼ同列であった。

(4) 総合電機企業

短評4－巨大規模だけではなく新しい創造的なマネジメントの必要性。

総合電機は，かつて日本企業の経営国際化の先兵として世界に雄飛していた業種である。しかし，直近5年度間の業界関連各社のパフォーマンスレベルを振り返るとき，全社平均で13.85と，11業種中最低のグループの一つであり，誠に残念である（表4-7および4-8参照）。

① この業界についても，2009年度の不況の影響は大きかった。業界年度平均も，比較的好調だった2008年度の15から2009年度には11へと急激な低減を示している。
② この業種の5年度を通した総合パフォーマンスレベルは，大体3つに区分

することができる。

(a) 5年度間平均値で国際化チャンピオンの一つの条件である15ポイントをクリアしたのは，ソニー（16.2），パナソニック（16.2）そしてシャープ（15）の3社のみであった。

(b) これに続くのが，三菱電機（14.4）および東芝（13.4）の2社である。

(c) その下に位置するのが，富士通（12.6），およびNEC（12.2）だ。

(d) 関係8社中末尾に位置するのが，業種最大手の日立10.8である。2005年度のパフォーマンスは，これまた最低の9（東芝と同値）であった。

(e) 以上は決して規模や多角化的な製品ラインの整備だけの問題ではないと思う。マネジメントの問題だ。関係者が，この点を自覚し，1日も早い回復に向かうことを切望するものである。

表4-7　総合電機企業の総合的な評価値

企業名＼年度	2009	2008	2007	2006	2005	平均
ソニー	13	18	17	16	17	16.2
パナソニック　松下	13	19	18	17	14	16.2
シャープ	11	16	16	16	16	15
三菱電機	13	15	15	15	14	14.4
東芝	9	15	15	15	13	13.4
富士通	10	13	15	14	11	12.6
NEC	10	13	13	12	13	12.2
日立	9	11	10	13	11	10.8
年度別平均	11	15	14.88	14.75	13.63	13.85

表4-8 総合電機企業パフォーマンス各関係項目の評価値

企業名	年度	規模	売利	資利	持株	有負	創造	合計
日立	2009	5	0	0	0	3	1	9
	2008	5	0	0	1	4	1	11
	2007	5	0	0	1	3	1	10
	2006	5	0	1	2	4	1	13
	2005	5	0	1	1	3	1	11
パナソニック 松下	2009	5	0	0	2	4	2	13
	2008	5	1	3	3	5	2	19
	2007	5	1	3	2	5	2	18
	2006	5	1	2	2	5	2	17
	2005	5	0	1	2	4	2	14
ソニー	2009	5	0	0	1	5	2	13
	2008	5	1	3	2	5	2	18
	2007	5	1	2	2	5	2	17
	2006	5	1	2	2	4	2	16
	2005	5	1	2	2	5	2	17
東芝	2009	5	0	0	0	2	2	9
	2008	5	1	2	1	4	2	15
	2007	5	1	2	1	4	2	15
	2006	5	1	2	1	4	2	15
	2005	5	0	2	1	3	2	13
NEC	2009	4	0	0	1	3	2	10
	2008	4	0	1	2	4	2	13
	2007	4	0	1	2	4	2	13
	2006	4	0	1	1	4	2	12
	2005	4	1	2	1	3	2	13
富士通	2009	4	0	0	1	3	2	10
	2008	5	0	2	1	4	1	13
	2007	5	1	3	1	4	1	15
	2006	4	1	2	1	4	2	14
	2005	4	0	1	1	3	2	11
三菱電機	2009	4	0	1	2	5	1	13
	2008	4	1	3	2	4	1	15
	2007	4	1	3	2	4	1	15
	2006	4	1	3	2	4	1	15
	2005	4	1	2	2	4	1	14
シャープ	2009	4	0	0	2	3	2	11
	2008	4	1	3	2	4	2	16
	2007	4	1	3	2	4	2	16
	2006	4	1	3	2	4	2	16
	2005	4	1	3	2	4	2	16

(5) 電子部品企業

短評 5－小さくともキラリと光るユニークな製品・技術の開発が重要。

電子部品業種を襲った不況の波も高かった。2009 年度の 8 社平均パフォーマンス数値は，好調だった 2008 年度の 16.88 から 13.5 へと急降下している。しかし，5 年度間平均値でみるとき，この業種のパフォーマンス数値は，16.2 と総合電機の 13.85 を大きく上回っている（表 4-9 および 4-10 参照）。

パフォーマンスからみて，この業界のトップ・ランナーは，村田製作所（5 年度間平均 20.2），ローム（19.8），京セラ（18）そして TDK（17.8）の 4 社である。これに，日本電産（16），そしてミツミ電機（15.2）が続いている。

国際化チャンピオンになるためのクリティカルな 15 ポイントを下回ったのは，アルプス電気（12.6）そして再編途上のエルピーダメモリ（10）の 2 社だけであった。

この業種のメンバーには，たとえばセラミック・コンデンサー（村田製作所）や HDD 用ブランレス DC コンデンサー（日本電産）など，世界市場でも首位につけるユニークな製品ラインを持つ企業が多く含まれている。

規模は小さくても，キラリと光るユニークな製品・技術の継続的な開発が，激しい競争のある国際市場ではぜひとも必要となると考える。

表 4-9　電子部品企業の総合的な評価値

企業名＼年度	2009	2008	2007	2006	2005	平均
村田製作所	15	22	22	21	21	20.2
ローム	18	19	20	21	21	19.8
京セラ	17	19	19	18	17	18
TDK	11	20	20	19	19	17.8
日本電産	13	16	17	17	17	16
ミツミ電機	18	19	17	11	11	15.2
アルプス電気	10	12	12	15	14	12.6
エルピーダメモリ	6	8	16	8	12	10
年度別平均	13.5	16.88	17.75	16.25	16.63	16.2

表4-10 電子部品企業パフォーマンス各関係項目の評価値

企業名	年度	規模	売利	資利	持株	有負	創造	合計
京セラ	2009	4	1	2	3	5	2	17
京セラ	2008	4	2	4	3	5	1	19
京セラ	2007	4	2	4	3	4	2	19
京セラ	2006	4	2	3	3	5	1	18
京セラ	2005	4	1	3	3	5	1	17
TDK	2009	3	0	0	3	3	2	11
TDK	2008	3	2	4	4	5	2	20
TDK	2007	3	2	4	4	5	2	20
TDK	2006	3	2	3	4	5	2	19
TDK	2005	3	2	3	4	5	2	19
ローム	2009	2	1	2	5	5	3	18
ローム	2008	2	2	3	5	5	2	19
ローム	2007	2	3	3	5	5	2	20
ローム	2006	2	3	4	5	5	2	21
ローム	2005	2	3	4	5	5	2	21
アルプス電気	2009	3	0	0	2	3	2	10
アルプス電気	2008	3	0	1	2	4	2	12
アルプス電気	2007	3	0	1	2	4	2	12
アルプス電気	2006	3	1	3	2	4	2	15
アルプス電気	2005	3	1	3	2	3	2	14
ミツミ電機	2009	2	1	4	4	5	2	18
ミツミ電機	2008	2	2	5	3	5	2	19
ミツミ電機	2007	2	1	4	3	5	2	17
ミツミ電機	2006	2	0	1	2	4	2	11
ミツミ電機	2005	2	0	1	2	4	2	11
日本電産	2009	3	1	3	2	3	1	13
日本電産	2008	3	2	4	2	4	1	16
日本電産	2007	3	2	4	2	4	2	17
日本電産	2006	3	2	4	2	4	2	17
日本電産	2005	3	2	4	2	4	2	17
村田製作所	2009	3	0	1	5	4	2	15
村田製作所	2008	3	3	4	5	5	2	22
村田製作所	2007	3	3	4	5	5	2	22
村田製作所	2006	2	3	4	5	5	2	21
村田製作所	2005	2	3	4	5	5	2	21
エルピーダメモリ	2009	2	0	0	1	1	2	6
エルピーダメモリ	2008	2	0	0	2	2	2	8
エルピーダメモリ	2007	2	3	4	2	3	2	16
エルピーダメモリ	2006	2	0	0	2	1	3	8
エルピーダメモリ	2005	2	1	2	2	3	2	12

(6) IC 製造装置企業

短評 6 – 不安定だが比較的高い総合評価値。しかし，速いプロダクト・サイクルや競争市場への継続的な対応が必要。

IC 製造装置業種の分析は（表 4-11 および 4-12 参照），何か筆者の分析方法に親しまぬものをもっているようであった。すなわち関連した 3 社のうち 2 社は 2009 年度に利益性において大変な赤字を出した。アドバンテストの売上高純利益率は－97.7％，総資産純利益率は－37.1％そして大日本スクリーンの売上高純利益率は－17.5％，総資産純利益率は，－15.5％であった。

ところが，パフォーマンスの総合値からみると，2009 年度，アドバンテストが 16 そして大日本スクリーンが 8 という意外な結果が算出された。この 2 社の売上高純利益率および総資産純利益率は共に 0 ％以下であった。筆者はこの 2 つの数値をすべて同一の 0 と計算した。そこに原因があるのではないか。将来の研究においては，この 0 以下の指標をマイナスの大きさに従って，いかに勘案するのかを考えていくべきであろう。今回の分析では，アドバンテストの 5 年度間平均パフォーマンス評価の数値は，21，大日本スクリーンのそれは 13.4 となった。全体的な平均値も 17.93 と高レベルにある。

他方の東京エレクトロンについては，これまた 2009 年度にパフォーマンスの大きな下落が認められるものの，全体として平均 19.4 という，比較的合理的な数値が確認されたように思う。

この業種では，過去の貯金をいかに維持して将来の発展方向に振り向け，

表 4-11　IC 製造装置企業の総合的な評価値

企業名＼年度	2009	2008	2007	2006	2005	平均
アドバンテスト	16	22	23	22	22	21
東京エレクトロン	18	21	21	19	18	19.4
大日本スクリーン	8	13	16	16	14	13.4
年度別平均	14	18.67	20	19	18	17.93

表 4-12　IC 製造装置企業パフォーマンス各関係項目の評価値

企業名	年度	規模	売利	資利	持株	有負	創造	合計
大日本スクリーン	2009	2	0	0	2	2	2	8
	2008	2	1	2	2	4	2	13
	2007	2	2	4	2	4	2	16
	2006	2	2	4	2	4	2	16
	2005	2	2	4	2	3	1	14
アドバンテスト	2009	1	0	0	5	5	5	16
	2008	2	2	4	5	5	4	22
	2007	2	4	4	5	5	3	23
	2006	2	4	5	3	5	3	22
	2005	2	4	5	3	5	3	22
東京エレクトロン	2009	3	1	2	4	5	3	18
	2008	3	3	5	3	5	2	21
	2007	3	3	5	3	5	2	21
	2006	3	2	4	3	5	2	19
	2005	3	2	4	3	4	2	18

活用していくのかが問題となろう。過去の遺産だけに頼っていたのでは将来はない。

(7) 電子機器企業

　　短評 7－ユニークで世界に通用し，他人のマネのできない製品・技術の継続的な開発が望まれる。

　電子機器業種に所属する企業の中には，ファナック，任天堂そしてマキタ（電動工具でトップ，米国市場上場）など，必ずしも巨大ではないが，特色あり実力もある世界的な商品をもつ企業が多く含まれている。
　経営パフォーマンスの 5 年度間平均値をみるのに，関連企業のパフォーマンスは，20 ポイント以上，17 ポイント台，そして 14 ポイント以下と，3 つのグループに分類することができる（表 4-13 および 4-14 参照）。
① 期間平均値が 20 ポイント以上の企業には，ファナック（23），任天堂

(22) そしてマキタ (20.6) が存在する。
② 次の 17 ポイント台には，マブチモータ（小型モーターで世界市場で 50％以上の占有率をもつ）の 17.8，そしてオムロン（17.4）が入る。
③ 海外 OEM 製品拡販で，かつて高いパフォーマンスを誇っていた（2005年度には 18）船井電機は，香港における税務問題などもあり，近年パフォーマンス数値を下げてきた（2009 年度には 11）。その結果期間通算では 13.6 ポイントにとどまった。
④ 残りの 3 社，日立マクセル（12.8），カシオ計算機(13) そして富士通ゼネラル（9.4）は，いずれも低空飛行を続けている。ファナック（富士通関連）を除き，大企業の多角化子会社に，パフォーマンスレベルの低調なものが多いのは残念である。

表 4-13　電子機器企業の総合的な評価値

企業名＼年度	2009	2008	2007	2006	2005	平均
ファナック	24	23	23	23	22	23
任天堂	22	22	21	23	22	22
マキタ	20	21	21	22	19	20.6
マブチモーター	15	19	19	17	19	17.8
オムロン	12	19	19	19	18	17.4
船井電機	11	12	11	16	18	13.6
カシオ計算機	10	14	14	14	13	13
日立マクセル	12	12	14	13	13	12.8
富士通ゼネラル	9	10	7	12	9	9.4
年度別平均	15	16.89	16.56	17.66	17	16.62

表4-14 電子機器企業パフォーマンス各関係項目の評価値

企業名	年度	規模	売利	資利	持株	有負	創造	合計
ファナック	2009	2	5	5	5	5	2	24
	2008	2	5	5	5	5	1	23
	2007	2	5	5	5	5	1	23
	2006	2	5	5	5	5	1	23
	2005	2	5	4	5	5	1	22
オムロン	2009	3	0	0	3	4	2	12
	2008	3	2	4	3	5	2	19
	2007	3	2	4	3	5	2	19
	2006	3	2	4	3	5	2	19
	2005	3	1	4	3	5	2	18
任天堂	2009	4	4	5	3	5	1	22
	2008	4	4	5	3	5	1	22
	2007	3	4	5	3	5	1	21
	2006	3	4	4	5	5	2	23
	2005	3	4	4	3	5	1	22
マキタ	2009	2	3	4	5	5	1	20
	2008	2	3	5	5	5	1	21
	2007	2	3	5	5	5	1	21
	2006	2	4	5	5	5	1	22
	2005	2	3	4	4	5	1	19
マブチモーター	2009	1	1	2	5	5	1	15
	2008	2	3	3	5	5	1	19
	2007	2	3	3	5	5	1	19
	2006	1	2	3	5	5	1	17
	2005	1	3	4	5	5	1	19
日立マクセル	2009	2	0	0	4	5	1	12
	2008	2	0	1	3	5	1	12
	2007	2	1	2	3	5	1	14
	2006	2	1	2	3	4	1	13
	2005	2	1	1	3	4	2	13
富士通ゼネラル	2009	2	0	2	1	3	1	9
	2008	2	1	2	1	3	1	10
	2007	2	0	1	1	2	1	7
	2006	2	1	3	1	3	2	12
	2005	2	1	3	0	1	2	9
船井電機	2009	2	0	0	3	5	1	11
	2008	2	0	0	3	5	2	12
	2007	2	0	0	3	5	1	11
	2006	2	2	4	3	4	1	16
	2005	2	2	5	3	5	1	18
カシオ計算機	2009	3	0	0	2	4	1	10
	2008	3	1	3	2	4	1	14
	2007	3	1	3	2	4	1	14
	2006	3	1	3	2	4	1	14
	2005	3	1	3	2	3	1	13

(8) 機密機械企業

短評8－キヤノンの一人勝ち。2009年度不況ショックの影響大。

精密機械関連の8社は，かつて有力な国際商品を持ち，世界市場でその名を馳せてきた。現在でもキヤノンは，5年度間を通じ21という高い期間パフォーマンス数値を挙げている。ブラザー（16.6），ヤマハ楽器（16.2）も相当な成果を維持している。他方，リコーおよびニコン（共に15.8）も，国際化チャンピオンの条件の1つ15ポイント以上を一応満たしている。

しかし，この業界に対する2009年度の不況のマイナスの影響は相当大きかった。業種全体が好調であった2008年度のこの業種の年度平均は17ポイントであったのだが，翌2009年度には13.25ポイントへと急落している。（表4-15および4-16参照）。

コニカミノルタ（14.4）は，2007年度から2008年度には，18という相当に高いパフォーマンスレベルを維持していたのだが，それが2009年度には13へと下降し，5年度期間平均でも15%を下回ってしまった（14.4）。

残された2社，すなわちセイコーエプソンとミネベアのパフォーマンス数値は相当不安定であり，上下動も激しい。結果として，セイコーエプソンでは，

表4-15　精密機械企業の総合的な評価値

企業名 \ 年度	2009	2008	2007	2006	2005	平均
キヤノン	20	22	22	21	20	21
ブラザー	16	18	19	16	14	16.6
ヤマハ楽器	12	18	18	17	16	16.2
リコー	12	16	18	17	16	15.8
ニコン	16	18	17	14	14	15.8
コニカミノルタ	13	18	18	11	12	14.4
セイコーエプソン	10	14	11	11	15	12.2
ミネベア	7	12	10	9	9	9.4
年度別平均	13.25	17	16.6	14.5	14.5	15.18

表 4-16 精密機械企業パフォーマンス各関係項目の評価値

企業名	年度	規模	売利	資利	持株	有負	創造	合計
キヤノン	2009	4	2	4	3	5	2	20
	2008	4	3	5	3	5	2	22
	2007	4	3	5	3	5	2	22
	2006	4	3	4	3	5	2	21
	2005	4	2	4	3	5	2	20
リコー	2009	4	0	1	2	3	2	12
	2008	4	1	3	2	4	2	16
	2007	4	2	4	2	4	2	18
	2006	4	2	3	2	4	2	17
	2005	4	1	3	2	4	2	16
ヤマハ楽器	2009	2	0	0	3	5	2	12
	2008	3	2	4	3	5	1	18
	2007	3	2	4	3	5	1	18
	2006	3	1	4	3	5	1	17
	2005	3	1	3	3	5	1	16
セイコーエプソン	2009	4	0	0	2	2	2	10
	2008	4	1	2	2	3	2	14
	2007	4	0	0	2	3	2	11
	2006	4	0	0	2	3	2	11
	2005	4	1	3	2	3	2	15
コニカミノルタ	2009	3	1	2	2	3	2	13
	2008	4	2	4	2	4	2	18
	2007	4	2	4	2	4	2	18
	2006	4	0	0	2	3	2	11
	2005	4	0	1	2	3	2	12
ブラザー	2009	2	1	3	3	5	2	16
	2008	3	1	4	3	5	2	18
	2007	3	2	4	3	5	2	19
	2006	3	1	4	3	4	1	16
	2005	2	1	4	2	4	1	14
ニコン	2009	3	1	3	3	4	2	16
	2008	3	2	4	2	5	2	18
	2007	3	2	4	2	4	2	17
	2006	3	1	3	2	3	2	14
	2005	3	1	3	2	3	2	14
ミネベア	2009	2	0	1	2	1	1	7
	2008	2	2	4	2	1	1	12
	2007	2	1	3	2	1	1	10
	2006	2	1	2	2	1	1	9
	2005	2	1	2	2	1	1	9

5 年度期間中に，2005 年度の 15 から 2009 年度には 10 と 5 ポイントもパフォーマンスレベルの下降をみた（期間平均では 12.2）。さらにミネベアでも，パフォーマンスレベルが 5 年度間に 9 から 7 へと下降し，期間平均でも 9.4 に止まったことは残念である。

(9) ガラス・土石企業

短評 9 －保守的だが順調な国際化を展開。

セラミックスの伝統の強い日本のガラス・土石業種では，HOYA（5 年度期間平均 20）を先頭として，関係 5 社中 3 社までが，HOYA（20），日本特殊陶業（16.2）そして日本ガイシ（15.6）と，国際化チャンピオン企業たるパフォーマンス要件を十分に満たしている。かつまた 2009 年度単年度をとってみても，業種のパフォーマンスの年度別値平均は 13.8 と，最盛期だった前 2007 年度 17.2 と比べて 3.4 ポイントの下降にとどまった。（表 4-17 および 4-18 参照）。

この業種に所属する企業の年度別パフォーマンスは，2007 年度には 17.2 と 2005 年度の 15.8 から，僅かではあるが，改善された。この増加傾向は 2007 年度に止まり，以来やや下降気味である。この業種はやや地味であるが，堅実な業種であるように思う。

1 つ残念なのは，この業種中唯 1 社の大企業である旭硝子のパフォーマンス数値が，2005 年度の 15 を頂点として，以来毎年下降気味であるということであろう。この点，同社には，パフォーマンスレベル改善のため，一層の努力が望まれる。

表 4-17　ガラス・土石企業の総合的な評価値

企業名 \ 年度	2009	2008	2007	2006	2005	平均
HOYA	14	19	23	22	22	20
日本特殊陶業	11	18	17	18	17	16.2
日本ガイシ	16	17	16	15	14	15.6
日本電気硝子	15	17	17	10	11	14
旭硝子	13	14	13	14	15	13.8
年度別平均	13.8	17	17.2	15.8	15.8	15.92

表 4-18　ガラス・土石企業パフォーマンス各関係項目の評価値

企業名	年度	規模	売利	資利	持株	有負	創造	合計
旭硝子	2009	4	2	2	2	2	1	13
	2008	4	1	3	2	3	1	14
	2007	4	1	2	2	3	1	13
	2006	4	1	3	2	3	1	14
	2005	4	2	3	2	3	1	15
日本電気硝子	2009	2	2	3	3	4	1	15
	2008	2	3	4	3	4	1	17
	2007	2	3	4	3	4	1	17
	2006	2	1	1	2	3	1	10
	2005	2	1	2	2	3	1	11
HOYA	2009	2	2	3	3	3	1	14
	2008	2	4	5	3	4	1	19
	2007	2	5	5	5	5	1	23
	2006	2	5	5	4	5	1	22
	2005	2	5	5	4	5	1	22
日本ガイシ	2009	2	2	4	3	4	1	16
	2008	2	3	4	3	4	1	17
	2007	2	2	4	3	4	1	16
	2006	2	2	3	3	4	1	15
	2005	2	1	3	3	4	1	14
日本特殊陶業	2009	2	0	0	3	4	2	11
	2008	2	2	4	3	5	2	18
	2007	2	2	4	3	5	1	17
	2006	2	2	4	3	5	2	18
	2005	2	2	4	3	4	2	17

⑽　医薬品企業

　　短評 10 − これまでは非常に順調な発展。しかし，将来の経営規模の拡大に備え，規模と他のパフォーマンス・ファクターとのバランスのとれた調整が必要となろう。

　武田（26.2），アステラス（22.8），そして第一三共（20.2）の5年度通算の期間平均値は，いずれも20の大台を超えている。
　他方，テルモ（19.8）そしてエーザイ（18.6）も健闘してはきたのだが，その5年の期間平均値は，僅かに20台には及ばなかった（表4-19および4-20参照）。
　医薬品業種の企業評価の5年度間平均値は21.52と，11業種中最高である。ただしこの業種各社が将来に向けてパフォーマンスレベル向上を推移するためには，次の諸点に留意する必要があると考える。
① 　現在の時点で，大企業のカテゴリーに属する企業は，武田1社にとどまっている。他の3社は中堅企業，そしてテルモは中型企業である。国際化を進展させるためには，相当な売上高規模の拡大と高い水準のパフォーマンスレベルの維持強化が必要となる。しかし，事実世界的にみれば，武田でさえが十分な規模を認められておらず，「フォーチュン・世界の大企業500社リスト」にも含まれていないのが現状である。
② 　ここで注意が必要なのは，超大型，大型，中堅，中型，小型企業の次への段階への発展のためには，経営ファクター（人・物・金・技術・情報）の新しい組み合わせと適応が必要となるということであろう。新しい段階の経営のためには新しいタイプのマネジメントが必要となる。かつまた医薬製品のライフ・サイクルは早く，市場競争は激しく，継続した新製品開発にも十分努力する必要がある。
③ 　もし，日本の医薬品5社が，一段上の発展段階への昇格を望むのならば，②で指摘した問題点を十二分に認識し，それに対応することが，ぜひとも

表 4-19　医薬品企業の総合的な評価値

企業名＼年度	2009	2008	2007	2006	2005	平均
武田	25	28	26	26	26	26.2
アステラス	25	24	22	23	20	22.8
第一三共	15	24	21	22	19	20.2
テルモ	19	20	21	20	19	19.8
エーザイ	16	12	22	22	21	18.6
年度別平均	20	21.6	22.4	22.6	21	21.52

表 4-20　医薬品企業パフォーマンス各関係項目の評価値

企業名	年度	規模	売利	資利	持株	有負	創造	合計
武田	2009	4	4	4	3	5	5	25
	2008	4	5	5	5	5	4	28
	2007	4	5	5	4	5	3	26
	2006	4	5	5	4	5	3	26
	2005	4	5	5	4	5	3	26
第一三共	2009	3	0	0	3	4	5	15
	2008	3	3	4	5	5	4	24
	2007	3	2	3	4	5	4	21
	2006	3	2	4	4	5	4	22
	2005	3	2	3	3	5	3	19
エーザイ	2009	3	2	3	2	2	4	16
	2008	3	0	0	2	2	5	12
	2007	3	3	4	3	5	4	22
	2006	3	3	4	3	5	4	22
	2005	3	3	4	3	5	3	21
アステラス	2009	3	4	5	4	5	4	25
	2008	3	4	5	4	5	3	24
	2007	3	3	4	3	5	4	22
	2006	3	3	4	4	5	4	23
	2005	2	2	3	5	5	3	20
テレモ	2009	2	3	4	3	5	2	19
	2008	2	3	5	3	5	2	20
	2007	2	3	5	4	5	2	21
	2006	2	3	4	4	5	2	20
	2005	2	3	4	3	5	2	19

必要となってくるだろう。小成に甘んじてはならない。
④　最も大切なことの1つは，売上高の拡大を続ける中で，経営パフォーマンス・ファクター評価値の維持改善に今後もバランスのとれた努力をして行くことであろう。

⑾　化学その他（統合事業）企業

　　短評 11 －統合事業は強し。しかし将来については，医薬品企業に対する短評 10 と類似したチャレンジが残されている。

　信越化学，富士フイルムそして花王の所属する業種を筆者は「化学その他」と仮称した。しかしこの3社は，化学に関係が深いとはいえ，M&A や合併により，広い業容を育て成功してきた企業群である。この業種は，フォーチュン 500 の分類をまねるならば，たとえば GE のように，「統合企業」（integrated industry）とも呼ぶべき性格をもつ業界であるということもできよう。

　この業種をリードするのは，信越化学であり，5年度通年平均で 20.2 という非常に高いパフォーマンスレベルを維持してきた。とりわけ，他の2社が若干のパフォーマンス低下をみせた 2009 年度に，信越化学がパフォーマンスのレベルを，2008 年度対比 1 ポイント上げて，22 に上昇させたことは注目に値する。

　富士フイルムが 16.4，そして花王の 16.2 というレベルは，信越化学の 20.2 に続く立派な数値であると考える（表 4-21 および 4-22 参照）。

　この3社は，いずれも将来に向かい 2009 年度の不況（富士フイルムでパフォーマンス数値が対前年度 3 ポイント，花王で 1 ポイントマイナスとなった）を超えて，超大企業への途を志すだろう。しかし，ここでも，⑽ の医薬品業種で将来を予測したときに言及したように，たとえば売上拡大とパフォーマンス・ファクターの内容と各ファクター間の関係性改善努力に関連するいくつかの留意点を想起するべきだと考える。

表 4-21 化学その他（統合事業）企業の総合的な評価値

企業名 \ 年度	2009	2008	2007	2006	2005	平均
信越化学	22	21	20	20	18	20.2
富士フイルム	14	17	16	17	18	16.4
花王	17	16	16	15	17	16.2
年度別平均	17.6	18	17.3	17.3	17.67	17.6

表 4-22 化学その他（統合事業）企業パフォーマンス各関係項目の評価値

企業名	年度	規模	売利	資利	持株	有負	創造	合計
富士フイルム	2009	4	0	1	3	4	2	14
	2008	4	1	3	3	4	2	17
	2007	4	1	2	3	4	2	16
	2006	4	1	2	3	5	2	17
	2005	4	1	3	3	5	2	18
信越化学	2009	4	3	4	5	5	1	22
	2008	4	3	4	4	5	1	21
	2007	4	3	4	3	5	1	20
	2006	4	3	4	3	5	1	20
	2005	3	2	4	3	5	1	18
花王	2009	4	2	4	2	4	1	17
	2008	4	2	4	2	3	1	16
	2007	4	2	4	2	3	1	16
	2006	3	2	4	2	3	1	15
	2005	3	2	5	3	3	1	17

2．5 年度間を通じた総合パフォーマンス評価のランキング

表 4-23　個別企業にみる 5 年度間平均総合パフォーマンス評価数値のランキング

順位	企業名	パフォーマンス数値	順位	企業名	パフォーマンス数値
①	武田	26.2	㉜	ニコン	15.8
②	ファナック	23	㉟	アルパイン	15.6
③	アステラス	22.8	㉟	日本ガイシ	15.6
④	任天堂	22	㊲	ミツミ電機	15.2
⑤	アドバンテスト	21	㊳	シャープ	15
⑤	キヤノン	21	㊳	ヤマハ発動機	15
⑦	マキタ	20.6	㊵	スズキ	14.6
⑧	第一三共	20.2	㊶	ショーワ	14.4
⑧	村田製作所	20.2	㊶	コニカミノルタ	14.4
⑧	信越化学	20.2	㊶	三菱電機	14.4
⑪	HOYA	20	㊹	トヨタ	14.2
⑫	シマノ	19.8	㊹	ブリヂストン	14.2
⑫	ローム	19.8	㊻	日本電気硝子	14
⑫	テルモ	19.8	㊻	いすゞ	14
⑮	東京エレクトロン	19.4	㊽	旭硝子	13.8
⑯	エーザイ	18.6	㊾	船井電機	13.6
⑰	京セラ	18	㊿	東芝	13.4
⑰	デンソー	18	㊿	大日本スクリーン	13.4
⑲	マブチモーター	17.8	㊿	日立建機	13.4
⑲	TDK	17.8	53	日産	13.2
㉑	オムロン	17.4	54	カシオ計算機	13
㉒	ブラザー	16.6	55	日立マクセル	12.8
㉓	ホンダ	16.4	56	富士重工	12.6
㉓	富士フイルム	16.4	56	マツダ	12.6
㉕	松下(パナソニック)	16.2	56	アルプス電気	12.6
㉕	ソニー	16.2	56	富士通	12.6
㉕	ヤマハ楽器	16.2	60	NEC	12.2
㉕	花王	16.2	60	セイコーエプソン	12.2
㉕	日本特殊陶業	16.2	62	日立	10.8
㉚	クボタ	16	63	エルピーダメモリ	10
㉚	日本電産	16	64	富士通ゼネラル	9.4
㉜	コマツ	15.8	64	ミネベア	9.4
㉜	リコー	15.8	66	サンデン	9

第5章

業種別／個別企業別にみた国際化とパフォーマンスの関係性—CPIXマトリックス上の位置づけ

■ 本章の目的

　本章の目的とするところは，これまで検討してきた，国際化度とパフォーマンス・ファクターの評価値との関係性をいわゆるCPIXマトリックス上に位置づけ，11業種および個別企業66社のポジションを明確にすることである。

　筆者が以上の目的を実現するため有用と考えるのは，すでにこれまで何回か使用してきた「国際化とパフォーマンス相関マトリックス」（まえがき図1参照）の活用である。くり返しになるのだが筆者はこのマトリックスにおいて，まずタテに国際化度を置き，ヨコに経営パフォーマンスの総合値を置いた。次にタテ軸では，パフォーマンス指数15ポイント，ヨコ軸では，国際化率50%で，各々一線を引き，図表を次の4つの事象に分けた。

① 国際化チャンピオン業種／企業（C）（国際化度50%以上，パフォーマンス指数15ポイント以上）
② 国際化チャレンジャー業種／企業（I）（国際化度50%未満，パフォーマンス指数15ポイント以上）
③ 経営パフォーマンス・チャレンジャー業種／企業（P）（国際化度50%以上，パフォーマンス指数15ポイント未満）
④ 問題のある業種／企業（X）（国際化度50%未満，パフォーマンス指数15ポイント未満）

その上で，調査対象 11 業種および 66 社を，この 4 つの事象に当てはめてゆきたいと思う。(重複とは思うがここでもう 1 度まえがきの図 1 を図 5-1 として掲げておく)

図 5-1　国際化度とパフォーマンス値との相関マトリックス

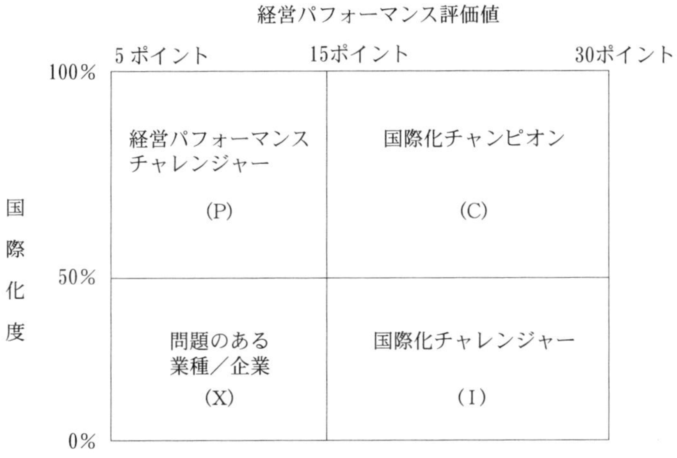

経営パフォーマンス評価値

```
           5ポイント      15ポイント      30ポイント
   100%┌──────────────┬──────────────┐
       │              │              │
       │ 経営パフォーマンス│ 国際化チャンピオン │
       │ チャレンジャー   │              │
国      │              │              │
際      │    (P)       │    (C)       │
化   50%├──────────────┼──────────────┤
度      │              │              │
       │ 問題のある    │ 国際化チャレンジャー│
       │ 業種／企業    │              │
       │    (X)       │    (I)       │
    0%└──────────────┴──────────────┘
```

設問 ①

1．11 業種および 66 企業における国際化とパフォーマンスの関係性（CPIX マトリックス）につき，本書のこれまでの知見を元に検討せよ。
2．国際化とパフォーマンスのバランスがいかにあるべきかについて考察せよ。

この位置づけは，基本的には関係業種／企業ごとに，2005 年度から 2009 年度まで，年度別に行っていく。しかし参考のため，5 年度間を通じた平均値も確かめておきたい。

1．CPIX マトリックス上の 11 業種の位置づけ

はじめに研究対象 11 業種を CPIX マトリックス上に位置づける。このような位置づけの意味合いには，調査対象 11 業種それぞれで，異なるものがあるとも予想されるからである。

調査対象とした 11 業種は，CPIX（国際化とパフォーマンスの相関）マトリックスでどのような位置づけを持っているのか。その位置づけ結果を，2005 年度から 2009 年度の期間，年度別に表示したのが表 5-1 である。次に，表 5-2 を付加した。そこでは，各年度別に，CPIX の該当カテゴリーに所属する企業数を業種別を意識しながら紹介しておく。

この 2 表から何がいえるのか。

表 5-1　年度別 CPIX 分布（該当業種数）

年度＼分布	C	P	I	X
2009	2	7	1	1
2008	10		1	
2007	7	1	2	1
2006	6	2	2	1
2005	6	2	2	1

① まず初めの 2005 年度には，C（国際化チャンピオン）業種が 6，I（国際化チャレンジャー）業種が 2，そして P（パフォーマンス・チャレンジャー）業種が 2，そして問題のある業種 X が 1 社であった。
② 2006 年度の分類結果は，2005 年度と変わらなかった。
③ 2007 年度には，C 7 業種，P 1 業種，I 2 業種そして X 1 業種であった。
④ 2008 年度は，日本の国際化企業が，5 年間の調査期間中，最も繁栄した年度だった。C が 10 業種，I が 1 業種というのがそれを反映している。この年度には，化学その他（統合事業）業種も I から C に変わっている。
⑤ 2009 年度には，世界不況の嵐が日本を襲い，業種の CPIX カテゴリー上

第5章 業種別／個別企業別にみた国際化とパフォーマンスの関係性　143

表 5-2　11 業種の年度別 CPIX カテゴリー上の位置づけ（業種別該当企業数）

自動車製造	C	P	I	X	電子部品	C	P	I	X	ガラス・土石	C	P	I	X
2009 年度	8				2009 年度	3	4	1		2009 年度	2	3		
2008 年度	6	2			2008 年度	6	1	1		2008 年度	3	1	1	
2007 年度	4	4			2007 年度	6	1	1		2007 年度	3	1	1	
2006 年度	4	4			2006 年度	6	1	1		2006 年度	3	1	1	
2005 年度	6	2			2005 年度	5	3			2005 年度	2	1	1	1
自動車部品					IC 製造装置					医薬品				
2009 年度	1	4		1	2009 年度	2	1			2009 年度	2		3	
2008 年度	4	2			2008 年度	2	1			2008 年度	2	1	2	
2007 年度	3	2	1		2007 年度	3				2007 年度	1		4	
2006 年度	4	1	1		2006 年度	1	1	1		2006 年度	1		4	
2005 年度	4	1	1		2005 年度	2	1			2005 年度	1		4	
建設機械					電子機器					化学その他（統合事業）				
2009 年度		3			2009 年度	4	4		1	2009 年度	1	1	1	
2008 年度	3				2008 年度	5	3			2008 年度	2	1		
2007 年度	1	1	1		2007 年度	4	3	1	1	2007 年度	2	1		
2006 年度	1	1			2006 年度	5	2		1	2006 年度	2	1		
2005 年度		2			2005 年度	5	2	1	1	2005 年度	1	2		
総合電機					精密機械									
2009 年度		3		5	2009 年度	3	4	1						
2008 年度	4	1		3	2008 年度	6	2							
2007 年度	2	1	3	2	2007 年度	5	2	1						
2006 年度	2	3	3		2006 年度	2	4	2						
2005 年度	1		1	6	2005 年度	2	4	2						

の位置づけにも，大変化が起こった。

ⓐ　2009 年度に C ポジションを継続した業種は 10 業種から 2 業種に縮小した。

ⓑ　代わりに主流となったのは，P の 7 業種である。残余の業種では，I が 1 業種である。他方総合電機は，I から X（問題のある業種）に転落してしまった。

　他方，5 年度期間中の業種平均値（注）を算出してみると（表 5-3 参照），7 業種が C，2 業種が I，そして 1 業種ずつが P と X ということになる。P は自動車製造業種であり，I は，医薬品と化学その他（統合事業）であ

る。そして総合電機は、5年平均でも、Xのカテゴリーから脱出出来なかった。(表5-3参照)

表5-3 業種・年度別の CPIX 分布

業種＼年度	2009	2008	2007	2006	2005	平均(注)
自動車製造	P	C	C	P	C	P
自動車部品	P	C	C	C	C	C
建設機械	P	C	C	C	P	C
総合電機	X	I	X	X	X	X
電子部品	P	C	C	C	C	C
IC製造装置	P	C	C	C	C	C
電子機器	C	C	P	C	C	C
精密機械	P	C	C	P	P	C
ガラス・土石	P	C	C	C	C	C
医薬品	C	C	I	I	I	I
化学・その他	I	C	I	I	I	I

2. CPIX マトリックス上の 66 社の位置づけ

次に調査対象 66 社の 2005 年度から 2009 年度にかけての CPIX マトリックス上の位置づけをより具体的に検討する。各カテゴリーごとの該当社数は表 5-4 に示されている。

表5-4 CPIX マトリックスの各項目該当企業数および 66 社中の%

	C	P	I	X
2009年度	18社 (27.3%)	35社 (53%)	5社 (7.6%)	8社 (12%)
2008年度	42社 (63.6%)	14社 (21.2%)	6社 (9%)	4社 (6%)
2007年度	34社 (51.5%)	15社 (22.7%)	14社 (21.2%)	3社 (4.5%)
2006年度	30社 (45.5%)	19社 (28.8%)	16社 (24.2%)	1社 (1.5%)
2005年度	29社 (43%)	16社 (24.2%)	13社 (19.7%)	8社 (12%)

① Cのカテゴリーに所属する企業数は、2005 年度には 29 社 (66 社中 43%) であった。それは毎年所属社数を増やし、2008 年度には 42 社 (63.6%) に

まで上昇した。しかし，2009年度の不況に直面したとき，その数は18社（27.3%）にまで縮小してしまった。
② Pのカテゴリーに所属する企業数は，2005年度には16社（24.2%）であった。その後2年度間その数は上下し，2008年度には14社（21.2%）となった。しかし，Cカテゴリー企業数が激減した2009年度には，代わりにPカテゴリー企業数が5年度間最大の35社（53%）にまで増加した。多くのCカテゴリー企業が，Pカテゴリーにくら替えをしたからである。
③ 国際化チャレンジャーの加盟するIカテゴリー所属企業は，2005年度には13社（19.7%）であったが，2007年度には，14社（21.2%）にまで増加している。以来2年度間，このカテゴリーの所属企業数は，2008年度6社（9%），そして2009年度5社（7.6%）へと減少している。不況の来襲により，国際化への関心が，内向きに変わってきたことの兆しかもしれない。
④ 2005年度に，Xカテゴリーに所属する企業は8社（12%）であった。その後2006年度には1社（1.5%）となり，2007年度には3社（4.5%）そして2008年度には4社（6%）となった。しかし，不況の来襲した2009年度には，8社（12%）までその数を増加させている。この中には，これまでのCタイプ企業の一部も含まれていることは，注目に値するものと思う。

3．売上高規模の大小とCPIXマトリックス上の位置づけの関係

以上に関連し，筆者が関心を抱いていることの1つは，企業規模の大小が，66社のCPIXマトリックス上の位置づけと，いかなる関係を持つのかということである。

この点を解明するため，筆者は，66社をすでに使用した，超大型企業，大型企業，中堅企業，中型企業，そして小型企業の5つの区分を使って分析することにした。表5-5には，売上高規模の大小を考慮した上でのCPIXインデックス該当企業数を整理してまとめた。

表 5-5　売上高規模と CPIX インデックス該当企業

	C	P	I	X	合計
超大型企業	2 社 25％／3％	2 25％／3％	1 12.5％／1.5％	3 37.5％／4.5％	8 12％／12.1％
大型企業	8 社 34.8％／12％	9 39％／13.6％	4 17.4％／6％	2 8.7％／3％	23 34％／34.8％
中堅企業	7 社 50％／10.6％	2 14％／3％	4 28.6％／43％	1 7％／10.6％	14 21％／21.1％
中型企業	9 社 45％／13.6％	9 45％／13.6％	2 10％／15％	0 0％／0％	20 30％／30.3％
小型企業	1 社 100％／1.5％	-	-	-	1 社 1.5％／1.5％

（注）社数の下に記した％は，前が同カテゴリー中，後が 66 社中の％である。

表 5-5 で関係したどの企業が，CPIX のどのグループに所属するかを判定するため使用したのは，2005 年度から 2009 年度に至る 5 年度間の国際化とパフォーマンス評価値の関係を現すマトリックス・モデル数値の平均値である。この点を補うため，本節では表 5-6 を用意し，66 社の企業ごとに，CPIX 表上の位置づけを明記したのに加え，その企業の過去 5 年度間の CPIX の位置づけを説明する（　）内の記号を付加した。（　）の記号は，2009 年度に始まり，2008 年度，2007 年度，2006 年度，そして 2005 年度と，調査数対象期間を遡った CPIX 記号を示したものである。

第5章 業種別／個別企業別にみた国際化とパフォーマンスの関係性　147

表5-6　66社にみるCPIX上の位置づけの沿革

		C	P	I	X
超大型 8社 (12/66)	トヨタ		1社 (PCCCC)		
	ホンダ	1社 (PCCCC)			
	日立				1社 (XXXXX)
	日産		1社 (PPPPC)		
	パナソニック			1社 (XCPIX)	
	ソニー	1社 (PCCCC)			
	東芝				1社 (PCIIX)
	富士通				1社 (XXIXX)
	合計社数	2	2	1	3
大型 23社 (34/66)	NEC				1社 (XXXXX)
	キヤノン	1社 (CCCCC)			
	三菱電機				1社 (XIIIX)
	デンソー			1社 (XCIII)	
	マツダ		1社 (PCPPP)		
	スズキ		1社 (PCCCC)		
	シャープ	1社 (PCCCI)			
	ブリジストン		1社 (PPPCC)		
	富士フィルム	1社 (PCCCI)			
	リコー	1社 (PCCII)			
	コマツ	1社 (PCCCP)			
	いすゞ		1社 (PCCPC)		
	旭硝子		1社 (PPPPC)		
	富士重工		1社 (PPPPP)		
	ヤマハ発		1社 (PCCCC)		

		C	P	I	X
	セイコー		1社 (PPPPC)		
	武田			1社 (CCIII)	
	京セラ	1社 (CCCCC)			
	信越化	1社 (CCCCC)			
	花王			1社 (IIIII)	
	任天堂	1社 (CCCCC)			
	クボタ			1社 (PCIII)	
	コニカミノルタ		1社 (PCCPP)		
	合計社数	8	9	4	2
中堅 14社 (21/66)	第一三共			1社 (IIIII)	
	アステラス			1社 (ICIII)	
	ニコン	1社 (CCCPP)			
	TDK	1社 (PCCCC)			
	東京エレクトロン	1社 (CCCCC)			
	日立建機		1社 (PCPPP)		
	オムロン			1社 (PCIII)	
	エーザイ	1社 (CPCCC)			
	アルプス電気		1社 (PPPCP)		
	日本電産	1社 (PCCCC)			
	カシオ				1社 (XXIXX)
	村田	1社 (CCCCC)			
	ブラザー	1社 (CCCCP)			
	ヤマハ楽器			1社 (XCIII)	
	合計社数	7	2	4	1

第5章 業種別／個別企業別にみた国際化とパフォーマンスの関係性　　149

		C	P	I	X
中堅 20社 (30/66)	ファナック	1社 (CCCCC)			
	HOYA	1社 (PCCCI)			
	ローム	1社 (CCCCC)			
	船井電機		1社 (PPPCC)		
	エルピーダ		1社 (PPCXP)		
	日本電気硝子		1社 (CCCPP)		
	ミネベア		1社 (PPPPP)		
	日本特殊陶業	1社 (PCCCC)			
	日本ガイシ		1社 (CIIIX)		
	テルモ			1社 (IIIII)	
	マキタ	1社 (CCCCC)			
	大日本スクリーン		1社 (PPCCP)		
	ミツミ電			1社 (IIIPP)	
	ショーワ	1社 (PCCCC)			
	アルパイン	1社 (PCCCC)			
	サンデン		1社 (PPPPP)		
	アドバンテスト	1社 (CCCCC)			
	日立マクセル		1社 (PPPPP)		
	富士通ゼネラル		1社 (PPPPP)		
	シマノ	1社 (CCCCC)			
	合計社数	9	9	2	0
小型 1社	マブチ	1社 (CCCCC)			
	合計社数	1	0	0	0

この2つの表から何がいえるのか。
① 国際化とパフォーマンスがよくバランスし，パフォーマンスの評価値も高く国際化も進んだCグループに所属する企業は，中堅企業（売上高レベル同一グループ内の%は50%），および中型企業（45%）である。これに対して，大型企業では34.8%，そして超大型企業では25%と，低い割合が示されている。
② 国際化のレベルは高い（50%以上）のだが，パフォーマンス・レベルが不十分なPグループの企業では，中型企業が45%と先頭を切り，これに大型企業39%，超大型企業25%が続いている。末尾に立つのは中堅企業の14%である。中型企業には，バランスのとれた国際化展開をするものも多いが，国際化を急ぎパフォーマンスの改善が追いつかないものも少なくないことが読みとれる。
③ パフォーマンス・レベルは高くとも，国際化の進展がおくれているのが，Iグループ企業である。その規模グループ内の割合では，中堅企業28.6%，大型企業17.4%，超大型企業12.5%，中型企業10%となっている。Pグループの場合の中型企業にも類似して，中堅企業にとっては，国際化50%の壁を乗り越えるのが，なかなか大変だということがわかる。
④ 国際化のレベルも，パフォーマンスのレベルも共に不十分で問題のある企業のXグループでは，最もグループ内の割合が高いのが超大型企業3社の37.5%である。これに大企業の2社の8.7%が続いている。これに対して，中堅企業でXカテゴリーに残ったのは1社（7%）のみであり，中型企業にこのカテゴリーに属するものは1社も存在しない。売上高規模（国際化率）が巨大化した場合，国際化とパフォーマンス・バランスを維持することの難しさが示唆されているように思う。
⑤ 小型企業1社（マブチ・モーター）に関するコメントは，例外的な調査対象であり，ここでは差し控えることにした。

4. 国際化とパフォーマンス・ファンクションの業種別／企業別の関係性

(1) 自動車製造業種

① 業種に焦点を集めた位置づけ（表5-7参照）

自動車製造業種の5年度間平均73.1という国際化率は，11業種中第1位である。しかし，自動車製造業の経営パフォーマンス評価値は，2005年度から2008年度にかけて，15ポイント前後であり「国際化チャンピオン」（C）に止まることに必要な最低限度に接近していた。この評価値は，2009年度には10.38ポイントに急降下した。そのため毎年度Cレベルを維持してきたパフォーマンス評価値平均も，5年度間平均では，「経営パフォーマンス・チャレンジャー」（P）に後退した。

表5-7 自動車製造業種

年度	国際化度	経営パフォーマンス評価	マトリックス上の位置づけ
2009	74.63	10.38	P
2008	76.5	15.25	C
2007	73.13	15	C
2006	71	14.88	P
2005	70.25	15	C
平均	73.1	14.1	P

② 企業に焦点を集めた位置づけ（表5-8参照）

自動車製造業種に所属する8社にみる特色は，2005年度から2009年度に至る5年度間を通して，C（国際化チャンピオン）の座を継続した企業が1社も存在しないことである。5年間の業種平均もPであった。

表 5-8　自動車製造業種企業

企業名	年度	国際化率	パフォーマンス指数	マトリックスの位置づけ	企業名	年度	国際化率	パフォーマンス指数	マトリックスの位置づけ
トヨタ	2009	74	9	P	マツダ	2009	76	8	P
	2008	77	16	C		2008	75	15	C
	2007	74	16	C		2007	73	14	P
	2006	71	15	C		2006	70	13	P
	2005	68	15	C		2005	69	13	P
	平均	72.8	14.2	P		平均	72.6	12.8	P
日産	2009	76	10	P	スズキ	2009	68	12	P
	2008	80	14	P		2008	72	15	C
	2007	77	13	P		2007	69	15	C
	2006	75	14	P		2006	66	15	C
	2005	80	16	C		2005	62	16	C
	平均	77.6	13.2	P		平均	67.4	14.6	P
ホンダ	2009	86	14	P	いすゞ	2009	63	10	P
	2008	87	16	C		2008	66	16	C
	2007	85	16	C		2007	58	17	C
	2006	83	18	C		2006	57	14	P
	2005	80	18	C		2005	58	13	P
	平均	84.2	16.4	C		平均	60.4	14	P
富士重工	2009	65	10	P	ヤマハ発	2009	89	10	P
	2008	65	14	C		2008	90	16	C
	2007	61	13	C		2007	88	16	C
	2006	59	13	P		2006	87	17	C
	2005	57	13	P		2005	88	16	C
	平均	61.4	12.6	P		平均	88.4	15	C

設問②

　なぜ自動車製造企業7社（ホンダを除く）の5年度間通算平均のパフォーマンス評価値がCではなくPなのか。

　これは，2009年度の企業別パフォーマンス指数が，前年度と比べ，最大7ポイントと大きく低落したことの影響が強く働いたことが一つの大きな原因であったと考えられる。事実2009年度には，関係8社のすべてが，マトリックス上の位置づけをCからP（パフォーマンス・チャレンジャー）に変えた。
　2008年度まで4年度間，トヨタ，ホンダ，スズキ，ヤマハ発動機は，継続してCの座を維持してきた。（表5-8ではヤマハ発動機を一応Pのグループにリストした。）しかし，この4社の中でも，ホンダとヤマハ発動機を除く3社

は5年度間通算の評価では，Pのディメンジョンに止まった。これは，継続したCであっても，パフォーマンスの数値が9から18と比較的低位にあり，全体をCのディメンジョンに引き上げることが難しかったからである。

(2) 自動車部品業種

① 業種に焦点を集めた位置づけ（表5-9参照）

表5-9　自動車部品業種

年度	国際化度	経営パフォーマンス評価	マトリックス上の位置づけ
2009	71.17	12	P
2008	73	15.67	C
2007	70.83	15.83	C
2006	69.83	16.17	C
2005	68	16.17	C
平均	70.57	15.17	C

　自動車製造に随伴して海外に進出することの多い自動車部品の国際化率は，11業種中2番目に高い。

　この業界の経営パフォーマンス評価も，2009年度に15.67から12に下降した。しかし，それに先行した4年度間のCとしてのレベルは，メインフレーマーのそれよりも高く，5年度間を通した業種平均では，Cの座を確保した。

② 企業に焦点を集めた位置づけ（表5-10参照）

　シマノは，5年度間を通して，また期間平均値でもCの座を確保している。この業種でも2009年度のパフォーマンス評価はほとんどすべての個別企業でPだった。アルパインとショーワも2008年度までCの座を守った。しかし5年度間平均でCを獲得したのは，アルパインのみであった。ショーワのオールCからの脱落は，自動車製造の場合とも似て，4年度間のC評価が，9から16ポイントという，比較的低いレベルに止まっていたことが原因となったと思われる。

ここで興味深いのは、デンソーに見たマトリックス上の動きである。この会社は、始め3年度間は、I（国際化チャレンジャー）としてがんばってきた。国際化拡大の努力の結果2008年度には一度C（国際化率は51）に上昇した。しかし2009年度には、国際化率、パフォーマンスレベルが、共に49と13に下降し、マトリックス上では、「問題ある企業」に転落している。

表5-10　自動車部品業種企業

企業名	年度	国際化率	パフォーマンス指数	マトリックスの位置づけ	企業名	年度	国際化率	パフォーマンス指数	マトリックスの位置づけ
デンソー	2009	49	13	X	アルパイン	2009	85	13	P
	2008	51	20	C		2008	87	15	C
	2007	48	19	I		2007	86	17	C
	2006	47	20	I		2006	85	17	C
	2005	45	18	I		2005	81	16	C
	平均	48	18	I		平均	84.8	15.6	C
ブリヂストン	2009	76	11	P	シマノ	2009	88	21	C
	2008	76	14	P		2008	87	19	C
	2007	74	14	P		2007	85	19	C
	2006	72	17	C		2006	85	19	C
	2005	70	15	C		2005	85	21	C
	平均	73.6	14.2	P		平均	86	19.8	C
ショーワ	2009	63	9	P	サンデン	2009	66	5	P
	2008	64	15	C		2008	73	11	P
	2007	62	16	C		2007	70	10	P
	2006	61	16	C		2006	69	8	P
	2005	59	16	C		2005	68	11	P
	平均	61.8	14.4	P		平均	69.2	9	P

設問③

デンソーとシマノの違いを比較して論評せよ。

(3) 建設機械業種

① 業種に焦点を集めた位置づけ（表5-11参照）

建設機械のマトリックス上の位置づけは、2005年度と2009年度のPを除き、他の年度はすべてCである。2006年度から2008年度まで3年度間のCの内容は良く、このため5年度間を通じて建設機械業の期間総合評価がCとなったものと思われる。

表 5-11　建設機械業種

年度	国際化度	経営パフォーマンス評価	マトリックス上の位置づけ
2009	66.33	13	P
2008	67.33	16.3	C
2007	62.67	16	C
2006	59	15.67	C
2005	55.33	14.3	P
平均	62.13	15.07	C

② 企業に焦点を集めた位置づけ（表 5-12 参照）

ここでも 5 年度間連続して C という企業は 1 社も存在しない。コマツがそれに近かったのだが，2009 年度には 14 で P のカテゴリーに移っている。

クボタは，2007 年度まで国際化の波に乗り切れていなかった。翌 2008 年度には，50 の大台に乗せ始めて C に移転した。しかし 2009 年度にはパフォーマンス指数が，前年度対比 3 ポイント後退し 14 となり，P のディメンジョンに後退している。日立建機の年間評価は 2008 年度を除きオール P であった。

表 5-12　建設機械業種企業

企業名	年度	国際化率	パフォーマンス指数	マトリックスの位置づけ	企業名	年度	国際化率	パフォーマンス指数	マトリックスの位置づけ
コマツ	2009	78	14	P	日立建機	2009	71	11	P
	2008	78	17	C		2008	74	16	C
	2007	74	17	C		2007	68	14	P
	2006	69	17	C		2006	68	13	P
	2005	64	14	C		2005	67	13	P
	平均	72.6	15.8	C		平均	69.6	13.4	P
クボタ	2009	50	14	P					
	2008	50	16	C					
	2007	46	17	I					
	2006	40	17	I					
	2005	35	16	I					
	平均	44.2	16	I					

設問 ④

コマツとクボタの国際化とパフォーマンスの関係性を比較し，論評せよ。

(4) 総合電機業種

① 業種に焦点を集めた位置づけ（表 5-13 参照）

表 5-13　総合電機業種

年度	国際化度	経営パフォーマンス評価	マトリックス上の位置づけ
2009	44.38	11	X
2008	46.13	15	I
2007	44	14.88	X
2006	43	14.75	X
2005	41.63	13.63	X
平均	43.83	13.85	X

　表 5-13 を見て驚かされるのは，かつての国際化の雄，総合電機の凋落振りである。

　2008 年度のパフォーマンス評価では何とか 15 ポイントの線を死守したとはいえ，業種の国際化度では一度も 50%に到達していない。パフォーマンス評価が 11 に低下した 2009 年度には，また 5 年度間通算でも業種全体が，「問題のある業種」X に止まっている。

② 企業に焦点を集めた位置づけ（表 5-14 参照）

　この業種に所属する企業のマトリックス上の位置づけは複雑に交差しており，それだけ業種／企業の国際化への乗りかけのおくれを示唆しているようで残念である。

① 　ソニーとシャープは，2009 年度に P にポジションを落としたとはいえ，2005 年度（シャープの場合には 2006 年度以降）以来 C のポジションを堅持し，期間全体の評価でも C の座を確保した。

② 　これに対して，日立，NEC は，5 年度間通期でみてもまた，単年度でも，一度も X「問題のある企業」のポジションから抜け出せなかった。東芝，三菱電機，富士通そしてパナソニックまでが，5 年度の期間中，何度も，こ

表 5-14　総合電機業種企業

企業名	年度	国際化率	パフォーマンス指数	マトリックスの位置づけ	企業名	年度	国際化率	パフォーマンス指数	マトリックスの位置づけ
日立	2009	41	9	X	NEC	2009	22	10	X
	2008	42	11	X		2008	25	13	X
	2007	41	10	X		2007	26	13	X
	2006	38	13	X		2006	28	12	X
	2005	36	11	X		2005	27	13	X
	平均	39.6	10.8	X		平均	25.6	12.2	X
松下（パナソニック）	2009	47	13	X	富士通	2009	32	10	X
	2008	50	19	C		2008	36	13	X
	2007	44	18	I		2007	36	15	I
	2006	48	17	I		2006	33	14	X
	2005	47	14	X		2005	30	11	X
	平均	47.2	16.2	I		平均	33.4	12.6	X
ソニー	2009	76	13	P	三菱電機	2009	32	13	X
	2008	77	18	C		2008	34	15	I
	2007	74	17	C		2007	31	15	I
	2006	71	16	C		2006	29	15	I
	2005	71	17	C		2005	30	14	X
	平均	73.8	16.2	C		平均	31.2	14.4	X
東芝	2009	51	9	P	シャープ	2009	54	11	P
	2008	52	15	C		2008	53	16	C
	2007	49	15	I		2007	51	16	C
	2006	47	15	I		2006	50	16	C
	2005	44	13	X		2005	48	16	I
	平均	48.6	13.4	X		平均	51.2	15	C

のIやXのポジションに残されてきた。（たとえば，パナソニックについては，2005年度2009年度はX）。

③　この業種にみるもう一つの問題は，海外売上高比率（国際化）レベルの低さである。東芝，富士通，三菱電機，パナソニックが，何度もIのポジションを体験した。

④　2009年度の不況は，ソニー，東芝，シャープをCからPの座に追いやった。

かつて多くの人が憧れた総合電機業種の現状を知るのは，まことに残念である。関係業種，企業の国際活動再活性化の将来に待つところは大である。

設問⑤

　ソニー，三菱電機，シャープ，東芝と，日立，NEC，富士通，パナソニックにみる国際化とパフォーマンスの関係性の違いを比較し，その理由を考察せよ。くわしい理解のためには，各社のパフォーマンス項目に関する前述の分析理解も必要となる。

(5) 電子部品業種

① 業種に焦点を集めた位置づけ（表 5-15 参照）

　総合電機と比べ，電子部品業界の国際化度およびパフォーマンス評価は高く，2005 年度から 2008 年度にかけての年度別，そして 5 年度間平均評価ですべて C の座を守っている。ただし不況の 2009 年度には，パフォーマンス評価が 13.5 に低落し，年度評価も P に下降している。

表 5-15　電子部品業種

年度	国際化度	経営パフォーマンス評価	マトリックス上の位置づけ
2009	66	13.5	P
2008	66.25	16.88	C
2007	66.75	17.75	C
2006	65.75	16.25	C
2005	64.13	16.63	C
平均	65.78	16.2	C

② 企業に焦点を集めた位置づけ（表 5-16 参照）

　国際化―パフォーマンス・マトリックスの C「国際化チャンピオン」のカテゴリーに長いことポジションを保つ企業が，この業種には多い。（エルピーダメモリとアルプス電機は例外）。5 年度間通算数値でも類似のことがいえる。
① 京セラ，ローム，村田製作所は，5 年度間 C の座（5 年度通期平均値も同じ）を保った。
② 不況の影響を受けた 2009 年度には，TDK，日本電産が P のディメンジョンに移ってはいるが，それに先行する 4 年度間および 5 年度期間平均では，

第5章　業種別／個別企業別にみた国際化とパフォーマンスの関係性　159

表5-16　電子部品業種企業

企業名	年度	国際化率	パフォーマンス指数	マトリックスの位置づけ	企業名	年度	国際化率	パフォーマンス指数	マトリックスの位置づけ
京セラ	2009	58	17	C	アルプス電機	2009	71	10	P
	2008	61	19	C		2008	72	12	P
	2007	61	19	C		2007	75	12	P
	2006	60	18	C		2006	77	15	C
	2005	60	17	C		2005	75	14	P
	平均	60	18	C		平均	74	12.6	P
TDK	2009	84	11	P	ミツミ電機	2009	39	18	I
	2008	82	20	C		2008	45	19	I
	2007	80	20	C		2007	48	17	I
	2006	78	19	C		2006	60	11	P
	2005	72	19	C		2005	59	11	P
	平均	79.2	17.8	C		平均	50.2	15.2	C
ローム	2009	61	18	C	日本電産	2009	68	13	P
	2008	63	19	C		2008	71	16	C
	2007	61	20	C		2007	69	17	C
	2006	60	21	C		2006	69	17	C
	2005	56	21	C		2005	64	17	C
	平均	60.2	19.8	C		平均	68.2	16	C
エルピーダメモリ	2009	69	6	P	村田製作所	2009	78	15	C
	2008	61	8	P		2008	75	22	C
	2007	65	16	C		2007	75	22	C
	2006	49	8	X		2006	73	21	C
	2005	59	12	P		2005	68	21	C
	平均	60.6	10	P		平均	73.8	20.2	C

この2社も継続してCの座を維持してきた。

③　ミツミ電機は，はじめ2年度間はPそして後の3年度間はIという問題を抱えてきた。しかし期間平均ではCである。（しかし，表5-6では一応Iのカテゴリーにリストした。）

④　アルプス電機は，2006年度には一度Cとなったものの，以後，Pの数値の停滞に悩んでいる。

⑤　エルピーダメモリは低いパフォーマンスレベルに苦労しているが，再編の途上にもあり，将来の再生が望まれる。

設問⑥

電子部品業種に，5年度間を通してC企業が多い理由を考察せよ。前述のパフォーマンス・ファクターに関する詳細な分析を参照。

(6) IC 製造装置業種

① 業種に焦点を集めた位置づけ（表 5-17 参照）

IC 製造装置業界の国際化度には相当な上下動がある。2009 年度には，国際化度は，2008 年の 66.33 から 64.67 に低下した。

パフォーマンス評価は，2005 年度から 2008 年度にかけて，18 から 20 と高レベルにある。しかし，2009 年度には 14 に急落している。

マトリックス上の座標は，5 年度通算そして 2005 年度から 2008 年度にかけて C であったのだが，2009 年度には，パフォーマンス評価が下がりポジションも P に後退してしまった。

表 5-17　IC 製造装置業種

年度	国際化度	経営パフォーマンス評価	マトリックス上の位置づけ
2009	64.67	14	P
2008	66.33	18.67	C
2007	66.33	20	C
2006	63.67	19	C
2005	67.67	18	C
平均	65.73	17.93	C

② 企業に焦点を集めた位置づけ（表 5-18 参照）

表 5-18　IC 製造装置業種企業

企業名	年度	国際化率	パフォーマンス指数	マトリックスの位置づけ	企業名	年度	国際化率	パフォーマンス指数	マトリックスの位置づけ
大日本スクリーン	2009	67	8	P	東京エレクトロン	2009	59	18	C
	2008	66	13	P		2008	64	21	C
	2007	67	16	C		2007	63	21	C
	2006	62	16	C		2006	61	19	C
	2005	65	14	P		2005	63	18	C
	平均	65.4	13.4	P		平均	62	19.4	C
アドバンテスト	2009	68	16	C					
	2008	69	22	C					
	2007	69	23	C					
	2006	68	22	C					
	2005	75	22	C					
	平均	69.8	21	C					

第 5 章　業種別／個別企業別にみた国際化とパフォーマンスの関係性　　161

前にも言及したように，この業種の経営パフォーマンス数値には，なかなか理解の困難なものがある。したがってここでは，数字だけを辿っていけば，アドバンテストおよび東京エレクトロンは共に C，そして大日本スクリーンは，P のディメンジョンに位置づけられるということの指摘のみに，筆を止めたいと思う。(表 5-18 参照)

設問 ⑦
　　なぜ IC 製造装置企業における国際化とパフォーマンスの関係性を理解することが難しいのか。前述のより詳細なファクター分析を参照。

(7)　**電子機器業種**

① **業種別に焦点を集めた位置づけ**（表 5-19 参照）

電子機器の国際化度とパフォーマンス評価は，双方共に，2005 年度から 2008 年度にかけて着実な上昇をみせてきた。しかしこの流れは，2009 年度の不況で途切れている。国際化率は，71.55 から 70.89 へ，パフォーマンス評価が，16.89 から 15 に下降したからである。

表 5-19　電子機器業種

年度	国際化度	経営パフォーマンス評価	マトリックス上の位置づけ
2009	70.89	15	C
2008	71.55	16.89	C
2007	68.33	16.59	C
2006	67.22	17.66	C
2005	66.89	17	C
平均	68.97	16.62	C

② **企業に焦点を集めた位置づけ**（表 5-20 参照）

今回の調査対象企業の中で，最も C が多いのがこの業種の企業である。他方，この業種には，色々問題を抱え，成長途上にある企業も少なくないようだ。

表 5-20　電子機器業種企業

企業名	年度	国際化率	パフォーマンス指数	マトリックスの位置づけ	企業名	年度	国際化率	パフォーマンス指数	マトリックスの位置づけ
マキタ	2009	84	20	C	船井電機	2009	88	11	P
	2008	85	21	C		2008	85	12	P
	2007	83	21	C		2007	90	11	P
	2006	82	22	C		2006	89	16	C
	2005	80	19	C		2005	90	18	C
	平均	82.8	20.6	C		平均	88.4	13.6	P
マブチモーター	2009	88	15	C	カシオ計算機	2009	48	10	X
	2008	90	19	C		2008	47	14	X
	2007	89	19	C		2007	44	14	I
	2006	88	17	C		2006	41	14	X
	2005	88	19	C		2005	40	13	X
	平均	88.6	17.8	C		平均	44	13	X
日立マクセル	2009	59	12	P	ファナック	2009	69	24	C
	2008	64	12	P		2008	68	23	C
	2007	64	14	P		2007	65	23	C
	2006	64	13	P		2006	64	23	C
	2005	62	13	P		2005	62	22	C
	平均	62.5	12.8	P		平均	65.6	23	C
富士通ゼネラル	2009	64	9	P	オムロン	2009	50	12	P
	2008	72	10	P		2008	52	19	C
	2007	66	7	P		2007	47	19	I
	2006	65	12	P		2006	43	19	I
	2005	65	9	P		2005	40	18	I
	平均	66.4	9.4	P		平均	46.4	17.4	I
任天堂	2009	88	22	C					
	2008	81	22	C					
	2007	67	21	C					
	2006	69	23	C					
	2005	75	22	C					
	平均	76	22	C					

① マキタ，マブチモーター，ファナック，そして任天堂は，年度別，そして期間平均で，すべてCの座を維持した優秀な企業群である。
② 日立マクセル，富士通ゼネラルは，パフォーマンスレベルの低さに悩まされるPタイプの企業だ。
③ オムロンとカシオ計算機では，国際化比率がなかなかIの低迷から抜け出せず苦しんでいる。
④ 国際化レベルもパフォーマンスレベルも低いカシオは，この業種における唯一のX「問題のある企業」である。

設問 ⑧

1. 電子機器業種には，元気で成功し，Cの座を維持している企業が多い。
2. 成功する企業は規模が拡大する。この業種に所属する企業が，更なる発展を志向するのなら，何を考慮すればよいのか。前述のパフォーマンスに関する説明を参照。

(8) 精密機械業種

① 業種に焦点を集めた位置づけ（表5-21）

ここでも，電子機器と類似の展開が認められる。しかし2009年度の動きだけが若干異なっている。

精密機械の経営パフォーマンスの年度別平均評価は，2008年度の17から，2009年度には13.25へと大きく下落した。それにもかかわらず，この業種は，2009年度に国際化率を前年度の69.63から70.38へと引き上げている。パフォーマンスの低下を，国際化の更なる拡大により補おうとした努力とも考えられる。

表5-21 精密機械業種

年度	国際化度	経営パフォーマンス評価	マトリックス上の位置づけ
2009	70.38	13.25	P
2008	69.63	17	C
2007	68.25	16.6	C
2006	67.88	14.5	P
2005	64.38	14.5	P
平均	68.1	15.18	C

② 企業に焦点を集めた位置づけ（表5-22参照）

この業種の先頭に立っているのがキヤノンである。この企業だけが，5年度連続そして5年度期間平均いずれにおいてもCの座を堅持してきた。これを追うのがブラザー（2006年度以来4年度C）およびニコン（2007年度以降C）の2社である。

表 5-22 精密機械業種企業

企業名	年度	国際化率	パフォーマンス指数	マトリックスの位置づけ	企業名	年度	国際化率	パフォーマンス指数	マトリックスの位置づけ
キヤノン	2009	79	20	C	ヤマハ楽器	2009	49	12	X
	2008	79	22	C		2008	50	18	C
	2007	78	22	C		2007	47	18	I
	2006	77	21	C		2006	45	17	I
	2005	70	20	C		2005	41	16	I
	平均	76.6	21	C		平均	46.4	16.2	I
リコー	2009	55	12	P	ニコン	2009	81	16	C
	2008	54	16	C		2008	73	18	C
	2007	52	18	C		2007	75	17	C
	2006	49	17	I		2006	76	14	P
	2005	46	16	I		2005	75	14	P
	平均	51.2	15.8	C		平均	76	15.8	C
セイコーエプソン	2009	67	10	P	ブラザー	2009	83	16	C
	2008	68	14	P		2008	83	18	C
	2007	68	11	P		2007	80	19	C
	2006	69	11	P		2006	81	16	C
	2005	64	15	C		2005	75	14	P
	平均	67.2	12.2	P		平均	80.4	16.6	C
コニカミノルタ	2009	73	13	P	ミネベア	2009	76	7	P
	2008	73	18	C		2008	77	12	P
	2007	72	18	C		2007	74	10	P
	2006	71	11	P		2006	75	9	P
	2005	71	12	P		2005	73	9	P
	平均	72	14.4	P		平均	75	9.4	P

　ヤマハ楽器は，2005 年度から 2007 年度まで 3 年度間，（2008 年度は C）国際化のための 50 の壁を越えられずに苦労してきた。リコーも，2006 年度までは I のグループに止まっていた。しかしリコーは，以来その壁を乗り越え，続く 2 年度間には C の地位を確保した。ただし，2009 年度には不況のためか，パフォーマンスレベルが 12 に低下し，P のディメンジョンレベルに移動している。コニカミノルタも類似の体験をしている。しかしこの場合，2005 年度と 2006 年度にぶつかったのは，国際化の壁ではなく，パフォーマンスの壁であった。

　パフォーマンスの壁で最も苦労しているのは，ミネベア（5 年度連続，5 年度間平均 P）であり，セイコーエプソン（こちらは，2005 年度には C の座を保っていたが以降オール P）である。

設問 ⑨

精密機械の関係企業が，バランスのとれた国際化とパフォーマンスの関係性を維持し，更に発展するための要件を考慮せよ。前述のパフォーマンスに関する説明を参照。

(9) ガラス・土石業種

① 業種に焦点を集めた位置づけ（表 5-23 参照）

ガラス・土石業種の国際化・パフォーマンスの関係性にも，精密機械業種と類似した傾向が見受けられる。すなわち，パフォーマンス評価の方は，2009年度に，前年度の 17 から 13.8 へと大きく後退したのにもかかわらず，国際化度の方は，64.4 から 65 へと拡大を試みている。

表 5-23　ガラス・土石業種

年度	国際化度	経営パフォーマンス評価	マトリックス上の位置づけ
2009	65	13.8	P
2008	64.4	17	C
2007	61	17.2	C
2006	58	15.8	C
2005	57.2	15.8	C
平均	61.12	15.92	C

② 企業に焦点を集めた位置づけ（表 2-24 を参照）

ガラス・土石業種で 4 年度間年度平均が C を維持したのは日本特殊陶業（ただし 2009 年度は P）と HOYA の 2 社である。中でも HOYA は，2005 年度の I を C に切りかえ，3 年度間 C の座を保ってきた（2009 年度は P）。

日本電気硝子は，始めの 2 年度間，低いパフォーマンスレベル（10 から 11）に苦しんでいた。しかし以来 3 年度間，毎年 C の座を保っている。

ガラス業種では，日本ガイシだけが，2008 年度まで低調な国際化度という問題を抱えてきた。しかし 2009 年度には，折りからの不況にもかかわらず，国際化のレベルを 52 に上げ，C グループに参加することができた。

表 5-24 ガラス・土石業種企業

企業名	年度	国際化率	パフォーマンス指数	マトリックスの位置づけ	企業名	年度	国際化率	パフォーマンス指数	マトリックスの位置づけ
旭硝子	2009	61	13	P	日本ガイシ	2009	52	16	C
	2008	63	14	P		2008	49	17	I
	2007	62	13	P		2007	46	16	I
	2006	60	14	P		2006	39	15	I
	2005	59	15	C		2005	35	14	I
	平均	61	13.8	P		平均	44.2	15.6	I
日本電気硝子	2009	69	15	C	日本特殊陶業	2009	80	11	P
	2008	68	17	C		2008	81	18	C
	2007	62	17	C		2007	81	17	C
	2006	63	10	P		2006	78	18	C
	2005	68	11	P		2005	78	17	C
	平均	66	14	P		平均	79.6	16.2	C
HOYA	2009	63	14	P					
	2008	61	19	C					
	2007	54	23	C					
	2006	50	22	C					
	2005	46	22	I					
	平均	54.8	20	C					

設問 ⑩

　ガラス・土石業種が，継続した発展を遂げるためには，いかなる国際化とパフォーマンスの関係を維持して行くことが必要となるのか。前述のパフォーマンスに関する説明を参照。

⑽　医薬品業種

①　業種に焦点を集めた位置づけ（表 5-25 参照）

　医薬品業種は，最高のパフォーマンス評価（5 年度間平均で 21.52）と，最低の国際化率（47.04）を結びつけたユニークな業種である。この業種のパフォーマンス評価は，2009 年度には前年度の 21.6 から 20 へと 1.6 ポイント後退している。しかし，国際化率の方は，50.2 から 52 へと引き上げられている。

　この業種の所属する企業のマトリックス上の年度別そして 5 年度間平均の位置づけは，エーザイを除き，「国際化チャンレンジャー（I）」であるのに止まってきた。

表 5-25　医薬品業種

年度	国際化度	経営パフォーマンス評価	マトリックス上の位置づけ
2009	52	20	C
2008	50.2	21.6	C
2007	48.4	22.4	I
2006	43.8	22.6	I
2005	40.8	21	I
平均	47.04	21.52	I

② 企業に焦点を集めた位置づけ（表 5-26 参照）

　この業種ではエーザイ（2008 年度には一時 P に移動したが後は毎年および期間平均では C）だけが，ともかく C の座を継続している。

　他の医薬品 4 社は，高いパフォーマンスレベルを誇っているのだが，国際展開という視点ではいまだ十分とはいえない。第一三共，テルモ，アステラス（2008 年度は C）は皆 5 年度間 I のディメンジョンに止まっていた。この点武田が 2008 年度と 2009 年度，アステラスが 2008 年度に，国際化率 50％を超えたの

表 5-26　医薬品業種企業

企業名	年度	国際化率	パフォーマンス指数	マトリックスの位置づけ	企業名	年度	国際化率	パフォーマンス指数	マトリックスの位置づけ
武田	2009	60	25	C	アステラス	2009	49	25	I
	2008	51	28	C		2008	50	24	C
	2007	49	26	I		2007	49	22	I
	2006	44	26	I		2006	45	23	I
	2005	43	26	I		2005	32	20	I
	平均	49.4	26.2	I		平均	45	22.8	I
第一三共	2009	44	15	I	テルモ	2009	46	19	I
	2008	41	24	I		2008	47	20	I
	2007	38	21	I		2007	45	21	I
	2006	33	22	I		2006	40	20	I
	2005	37	19	I		2005	38	19	I
	平均	38.6	20.2	I		平均	43.2	19.8	I
エーザイ	2009	61	16	C					
	2008	62	12	P					
	2007	61	22	C					
	2006	57	22	C					
	2005	54	21	C					
	平均	59	18.6	C					

は注目に値する。

設問 ⑪

医薬品業種の各社が，国際化度50％の壁を乗り越えるのには，何をすべきなのか。前述のパフォーマンスに関する分析を参照。

⑾ 化学その他（統合事業）業種

① 業種に焦点を集めた位置づけ（表5-27参照）

もともと伝統的な業種の集まりであるこのグループは，5年度間平均で17.6という，相当に高い水準のパフォーマンス評価値を維持してきた。

国際化率引き上げの努力も，2005年度から2008年度にかけて着実に進展し，初めの5年度間には，2005年度の47.33から2008年度の51へと拡大された。

不況の2009年度にも，この業種のパフォーマンス評価は17.6と非常に高かった。しかし，国際化度の方は，51から47.67に引き下げられている。

この業種は，国際化率が51であった2008年度を除き，他の年度はすべてⅠのカテゴリーに止まっていた。

表5-27　化学その他（統合事業）業種

年度	国際化度	経営パフォーマンス評価	マトリックス上の位置づけ
2009	47.67	17.6	Ⅰ
2008	51	18	C
2007	49.67	17.3	Ⅰ
2006	48.67	17.3	Ⅰ
2005	47.33	17.67	Ⅰ
平均	48.87	17.6	Ⅰ

② 企業に焦点を集めた位置づけ（表5-28参照）

この業界で先頭に立ったのは，信越化学である。この会社は，5年度間連続して，また期間平均でも共にCの座を堅持した。

表 5-28　化学その他（統合事業）業種企業

企業名	年度	国際化率	パフォーマンス指数	マトリックスの位置づけ	企業名	年度	国際化率	パフォーマンス指数	マトリックスの位置づけ
富士フイルム	2009	53	14	P	花王	2009	28	17	I
	2008	56	17	C		2008	29	16	I
	2007	53	16	C		2007	27	16	I
	2006	50	17	C		2006	29	15	I
	2005	48	18	I		2005	27	17	I
	平均	52	16.4	C		平均	28	16.2	I
信越化学	2009	62	22	C					
	2008	68	21	C					
	2007	69	20	C					
	2006	67	20	C					
	2005	67	18	C					
	平均	66.6	20.2	C					

　これに続くのが富士フイルムである。2005年度まではIのディメンジョンに止まっていたのだが，2006年度から2008年度までは，Cの位置づけを継続した。しかし2009年度にはこれまた不況の影響か，パフォーマンスレベルを14に下げてPのディメンジョンに後退している。

　花王も，パフォーマンスでは相当なレベル（15から17）を維持している。しかし，国際化の展開ともいうことになると，いまだ30％以下（27〜29％）のレベル，すなわちIグループに止まっている。

設問⑫

　花王が，国際化率50％を超え，富士フイルムが，50％台を更に上昇させるためには，どんな努力をすることが必要か。前述のパフォーマンスに関する分析を参照。

（注）　5年度間の国際化度およびパフォーマンス評価値を足して5で割り，それが国際化度の場合には50，パフォーマンス評価値の場合には，15を越えるのか否かを判断の基準とした。

第6章

5年度間を通じて「国際化チャンピオン」Cの座を維持した11社の分析と教訓

■ 本章の目的

　筆者はこれまで，11業種，66社について，経営国際化とパフォーマンスの関連性について検討してきた。顧みるに，この5年度間はビジネス・トレンド激動の期間であったといえる。まず，2005年度から2007～2008年度までは，ビジネスサイクル盛り上がりの山の期間であった。わが国の国際化企業の経営は，この間に大幅な国際化を推進し，売上高規模とマーケット・シェアを拡大させた。しかし，2008年度後半のリーマン・ショックの発生以来，世界のビジネスは大不況に見舞われた。ビジネスサイクル・トレンドは急激に下降し，多くの国際化企業が被った損害も甚大であった。日本でも多数の巨大な有力企業が，赤字経営に追い込まれた。

　それにもかかわらず，本書の研究は，自動車部品，電子部品，IC製造装置，電子機器，精密機械，化学その他（統合事業）の6業種に所属する11企業（的確な理解が難しいアドバンテストを除く）が，ビジネス・サイクル・チェンジの波を乗り越えて，「国際化チャンピオン」の座を維持してきたことを教えてくれた。なぜ彼らは生き残ったのか。それをビジネス・ポリシー・ケース・メソッド式に分析・検討するのが本章の目的である。なお，これに関連して，想起すべき若干の問題点には，下記の2つがある。

① まず，指摘しなければならないのは，ここで検討する11社に，たとえばトヨタやパナソニック（松下）のような超大型企業が1社も含まれていないという事実であろう。

② 第2には，11業種の成功が，将来の継続した成功を必ずしも意味しないということである。過去の成功体験は重要である。また過去は将来につながっている。しかし，それがすべてではない。将来に向かって，変転極まりない環境要件に対応し，時宣に即した視点から，常に経営プロセス調整の努力が必要となると思われるからである。

それにもかかわらず，筆者が過去の成功例を分析するのは，そこに何か将来の対応に役立つ手がかりがあると考えているからである。

なお，本章で検討の対象とした6業種11社の売上高規模は，すでに説明した大企業，中堅企業そして中企業に分散している。既に指摘したように，筆者は，企業の国際化への対応や結果は，その経営規模の大小により，相当異なるものがあると考えている。したがって，本章においては，分析の対象となる経営を，規模の大小により区別して分析し，その過程で，問題点を確認し，次章のまとめと提言に結びついていきたいと思う。

なお，本稿の分析で用いる評価基準としては，筆者が考案し，すでに何度も利用してきた，経営パフォーマンス・ファクター評価の5段階評価に頼りたい。（評価基準については，まえがき表1を参照）さらに，分析結果を国際化─経営パフォーマンス・マトリックス上で，より明確なものにするための，マトリックスの4つのカテゴリー（C，P，IとX）分類を併用することも考えている。

1．大企業

(1) 任天堂

任天堂は，ゲーム機ハード・ソフトの世界的なメーカーである。同社の2005年度から，2009年度にかけての5年度間のパフォーマンス・ファクターの推移を表6-1に掲げた。この表から何が読み取れるのか。（表3-36～40および表5-21参照）

① 売上高規模については，2007年度から2008年度にかけて大幅に拡大され，9,665億円 ③ から1兆6,724億円 ④ に飛躍した。この拡大傾向は2009年度の1兆1,839億円へと続いている。この売上高の増加に先だって，売上に対する研究開発費の強化（2006年度），そして総資産純利益率の8.5（2006年度の ④）から14.3（2008年度の ⑤）への改善が実現されている。

表6-1 任天堂のパフォーマンス・ファクターの推移

年度	売上	利益	資利	持分	有利負	R&D	海外	評点
2009	4	4	5	3	5	1	88	22
2008	4	4	5	3	5	1	↑81	↑22
2007	↑3	4	5	3↓	5	1	67	21↓
2006	3	4	↑4	5	5	2	69↓	23
2005	3	4	4	5	5	↑1	75	↑22
平均								22

(注) 1．↑は増加，↓は減少を表す。
　　 2．売上は売上高，利益は売上高純利益率，資利は総資産純利益率，持分は株主持分比率，有利負は有利子負債比率，R&Dは売上に対する研究開発費の割合，海外は海外売上高比率を表す。（以下同じ）

② ただし，このような拡大のためにか，5年度間無借金経営 ⑤ は継続したとはいうものの，2007年度には，株主持分比率が，前年度の82.9 ⑤ から69.9 ③ に後退している。

③ もう1つ注目すべきは，結果としての現象といえるのかも知れぬが，毎年度フレキシブルな調整の跡がみられるということである。すなわち，前述のように2006年度株主持分比率が82.9 ⑤ だったものが，2007年度には一時69.9 ③ にまで後退した。しかし，それが2008年度には前年度の68.2から69.2へと増強されている。

④ このようなフレキシビリティは，国際化度（I）とパフォーマンス（P）の関係についても当てはまる。2005年度にこの関係は，国際化率（I）75そしてパフォーマンス評価（C）22であったのだが，2006年度にはIが69に縮小した。他方Pの方は22から23へと上昇している。さらにIが67に低下した

2007年には，さすがにCも21まで低下した。しかしこのような関係は，2008年度にIが81に上がったときに変化した。Pは再び22に戻った。2009年度には，Iの88とPの22という高いレベルの相関関係が延長された。
⑤ このような調整の努力の結果，全体パフォーマンスの評価は，5年度間継続して，22から23という好成績を維持してきた。

設問①

1. 任天堂が5年度間継続して「国際化チャンピオン」Cの座を保ち得た理由は何か。
2. まず研究開発費を増加させ（2006年度）次に株主持分比率を抑制し（2007年）さらに総資産純利益率を改善している。この間経営は，有利子負債比率を0に保ってきた。この経営改善努力の順序について論評せよ。
3. IとPとのフレキシブルなバランスの調整につき論評せよ。

(2) キヤノン（表6-2参照）（表3-36〜40および表4-16も参照）

① キヤノンの売上高は，2005年度の3兆4,679億円から，2008年度の4兆4,813億円へと拡大した。ただし，2009年度は，前年対比3,870億円のマイナスとなっている。

表6-2 キヤノンのパフォーマンス・ファクターの推移

年度	売上	利益	資利	持分	有利負	R&D	海外	評点
2009	4	2↓	4↓	3	5	2	79	20↓
2008	4	3	5	3	5	2	79	22
2007	4	3	5	3	5	2	78	22
2006	4	3	↑4	3	5	2	77	↑21
2005	4	↓2	4	3	5	2	70	↑20
平均								21

② 同社の利益性は，売上高純利益率については，2006年度に9％台②から10％③台へ，総資産純利益率についても2007年度に類似の改善をみた（④から⑤へ）。しかし，さすがのキヤノンも2009年度の不況には相当な苦労があったようである。売上純利益率は10.9③から7.55②へ，総資産純利益も10.8⑤から7.8④へと低下している。

③ このことを除けば，キヤノンは，5年度期間中，極めて安定した経営を維持してきた。株主持分比率は，65〜67ポイント③，有利負債もほとんど0の⑤というのがその背景である。これに関連して1つ注目すべきは，キヤノンが，利益性の減退にもかかわらず，2009年度に，持株比率を前年度の67.5から71.7（共に③）に引き上げているという事実であろう。

④ 精密機械業界において，キヤノンは常に同業他社よりも研究開発費の割合を高率に維持してきた（7％台後半）。とりわけ，2008年度には8.2％，2009年度には9.14％と，創造性強化資金を注ぎ込んでいる。

⑤ 海外売上高比率については，2005年度の70％に始まり，その比率を毎年着実に向上させ，2008年度には，79％となった。

⑥ 以上の努力の結果，キヤノンのパフォーマンスは，2005年度以来，常に20台という高いレベルを堅持してきた（5年度間平均値は21）。

設問②

キヤノンは，2005年度以来継続して国際化率（I）を向上させてきた。(70→79％)，しかも全体パフォーマンス評価値（P）は常に20ポイント台を維持してきた。この間無借金経営も継続した。問題は，2009年度に，利益性ファクターに若干の減少がみられることである（売上純利益率が3から2へ。総資産純利益率が5から4へ）。それにもかかわらず，キヤノンは，2009年度にも国際化率（I）79％レベルを維持した，他方同年には，研究開発費率を9.1ポイントにまで強化し，株主持分比率も引き上げている。このためもあってか，パフォーマンス評価値は若干低下している。このような一連の動きを，より大きな困難が待ち受けている将来の方策の選択との関連で論評せよ。

(3) 信越化学 （表6-3参照）（表3-51〜55および表5-28も参照）

　塩ビや半導体ウエハで世界首位に立ち，社長のトップダウンのリーダーシップで急速に業績を伸ばしてきた信越化学は，伝統産業の一翼を担う大企業であるが，今回の調査では，「国際化チャンピオン」企業の1つに選ばれた。
　表6-3にみるように，この会社の経営は，まことに堅実そのものである。

表6-3　信越化学のパフォーマンス・ファクターの推移

年度	売上	利益	資利	持分	有利負	R&D	海外	評点
2009	4	3	4	5	5	1	62	22
2008	4	3	4	↑4	5	1	68	21
2007	4	3	4	↑3	5	1	69	20
2006	4	3	4	3	5	1	67	20
2005	↑3	↑2	4	3	5	1	67	18
平均								20.2

① 2006年度に信越化学は，売上高を始めて1兆円台④に乗せ，以来2008年度に至るまで堅実な成長を遂げてきた（ただし，最終年度は，76億円の減収）。
② 利益性についても，売上高1兆円超を契機として，売上高純利益率を10％③台に乗せ，以来2008年度の13.3％にまで毎年着実な改善を続けている。他方，総資産純利益率も2005年度の6.3％③からこれまた毎年改善し，2008年には9.6％④となった（ただし，2009年度には，両指標共に数％台の減退をみせている）。
③ 他方有利子負債比率は，この5年間ほとんど0⑤に近い。株主持分比率も，2006年度には60％を超えて改善し，2009年度には，81.8％⑤と最高値に達した。
④ 研究開発費の売上高に対する割合は，決して高くない（2％後半台①）。しかし，2006年度以来この費用も毎年積み増され，2009年度には3.5％と

なっている。
⑤ 海外売上高は，2005年度の67から，2007年度には69に上昇した。以来この数値は，2008年度68そして2009年度には62とやや低減の兆しを示している。

設問③

　　信越化学は，伝統的業種で，5年度間を通じ，まことに健着な成長を続けてきた。パフォーマンスの総合評価値でみても不況の2009年度にも対前年比1ポイント増（21から22へ）の向上をみせ，5年度期間中最高の成果をあげている。注目すべきは，2009年度に，売上高の減少にかかわらず，株主持分比率を④から⑤へと引き上げ，研究開発費率を5年度間継続して積み増してきたことだろう。

　　海外売上高比率は，2007年度の69%以来，毎年縮小の傾向をみせ，2009年度には，62%にまで低下している。

　　なぜ信越化学は，高いパフォーマンス数値を維持できたのかを考えてみよう。

　　同社が将来に向かい更なる発展をとげるためには，どんな改善を行い，国際化率とパフォーマンス評価値との関係性を，どのように調整していけば良いと考えるのか。

(4) 京セラ（表6-4参照）（表3-21～25および表5-16も参照）

大型「国際化チャンピオン」企業4社の中で，多少活気に乏しいのが京セラである。
① 京セラの売上高は，着実に上昇し，2008年度には，1兆3,000億円に近づいた。しかし，2009年度にはそれが，1兆1,286億円にまで後退している。それが1つの引き金になったのか，この会社の売上純利益および資産純利益率は，2009年度に，前者は，8.3②から2.6①へ，後者は，5.4④から1.7②へと相当大きく後退している。

第6章　5年度間を通じて「国際化チャンピオン」Cの座を維持した11社の分析と教訓　177

表6-4　京セラのパフォーマンス・ファクターの推移

年度	売上	利益	資利	持分	有利負	R&D	海外	評点
2009	4	1	2	3	5	2	58	17
2008	4	↓2	↓4	3	5	↑1	61	19
2007	4	2	4	3	↕4	2	61	19
2006	4	2	3	3	5	↑1	60	18
2005	4	2	3	3	5	1	60	18
平均								18.2

② 他方，京セラは，5年度間を通じて，非常に高い安定性の数値を維持してきた。有利子負債は，2007年度を除き，常に総資産の10％以下⑤に抑えられてきた。株主持分比率も，2006年度の66.7をボトムとして，2009年度には，74.6％にまで改善されている。（共に③）

④ ただし，研究開発費の売上に対する割合からみると，多少の迷いも感じられるようである。すなわち，2007年度に5.2②にまで高められたこの数値は（前年度は4.86），2008年度には4.8①に戻り，さらに2009年度には再び5.8②にまで高められている。

⑤ 国際化率は，2005年度に60％であったものが，2008年度の61％まで若干上昇したが，2009年度には58まで下降している。

⑥ パフォーマンス評価は，2008年度の18以来，2008年度の19へと若干上昇した。しかしこの数値は，利益性が減少した2009年度には，17にまで降下している。

設問④

　2009年度京セラは，売上高の減少，利益性の低下という壁にぶつかり，評価値（P）も2ポイント下降した。これの対応として，京セラは，海外売上高比率を3％低下させ，研究開発費率を引き上げた。1つの問題は，この比率をどの程度にするのか，多少の迷いが垣間みられることである。今後京セラが，売上を増加させ，利益性を改善し，Pの評価値を上げてい

くためには，どんなパフォーマンス・ファクター項目の，いかなる改善と組み合わせが必要と考えられるのか。

2．中堅企業

(1) 村田製作所（表 6-5 参照）（表 3-21～25 および表 5-16 も参照）

村田製作所は，2005 年度から 2007 年度で，極めて順調で，安定した経営を続けてきた。評価数値でみると，利益性は ③ と ④ (2007 年度売上純利益は 12.6，資産純利益は 7.8) で継続的に安定していた。しかし，2008 年度からは，利益性の減少傾向が現れ始め，同年の売上純利益は 12.26，そして総資産純利益が 7.5 と後退した。この後退は，2009 年度に本格化した。まず売上高が前年度の 6,317 億円に比べて，1,000 億円以上減少し，5,240 億円となった。その結果，同年の売上純利益率は，前年度の 12.26 ③ から大幅に後退し，0.7 ⓪ となり，総資産純利益率も 7.5 ④ から 0.4 ① に急減した。

表 6-5 村田製作所のパフォーマンス・ファクターの推移

年度	売上	利益	資利	持分	有利負	R&D	海外	評点
2009	3	0↓	1↓	5	4↓	2	78	16
2008	3	3	4	5	5	2	75	22
2007	3	3	4	5	5	2	75	22
2006	↑2	3	4	5	5	2	73	21
2005	2	3	4	5	5	2	68	21
平均								20.4

他方，この会社の安定性は，5 年度間を通じて高いレベル（83.2 ⑤）で安定していた。たとえば 2009 年度の株主持分比率をみるとそれは，2005 年度の 83.7％と比べて 86.3％に改善されていた。一方，有利子負債の方は，2008 年度までほとんど 0 ⑤ であったのだが，売上・利益の大幅な減少をみた 2009 年度

には，総資産の 10.2 ④ ％と初めて 10％台に乗った。

　村田製作所の海外売上高比率は，2005 年度の 68％から毎年度上昇した。2009 年度は困難な年度であったにもかかわらず，それは前年対比 3 ポイント増加して 78％となった。主力製品であるセラミックコンデンサーの売上数量減と価値低下を海外売上拡大努力により補おうとしたものと考えられる。しかし，こうした努力は実らず，2005 年度の 21 から 2008 年度の 22 まで上昇を赴ってきたパフォーマンス評価の数値は，2009 年度には 16 と「国際化チャンピオン」たりうる条件の下限近くにまで低下してしまった。

　研究開発費の売上に対する割合も，2009 年度の困難に対処するためか，前年度の 6.7 から 8.9 へと相当大きく補強されている。（共に ②）

設問 ⑤
　　2008 年度に始まった売上高の減少と，利益性の低下は，2009 年度に本格化した。パフォーマンス評価値も，前年度の 22 から 16 ポイントへと急落した。有利子負債比率も，0 から 10％台へ増加した。こうした事態に対する対応は，相当大きな研究開発費率の引き上げと，海外売上高比率の 3 ％引き上げである。このある意味で危険な状態を克服するため，村田にはどんな戦略の採用が必要と考えるのか。

(2)　**東京エレクトロン**（表 6-6 参照）（表 3-26～30 および表 5-17 も参照）

　半導体製造設備関連企業に関して，高い経営パフォーマンス（売上高，利益性）の長期間の連続をみるのはなかなか難しいようである。
①　東京エレクトロンも，前述の村田製作所のケースにも似て，2005 年度から 2008 年度までは，売上高と利益性に若干の上下動はあったが基本的には上昇を体験した。しかし，同社の売上高は 2009 年度に前年度の 9,061 億円から約 50％ダウンの 5,081 億円に縮小した。
②　この減少は，同社の利益性にも相当なマイナスの影響をもたらした。すなわち 2009 年度売上高純利益率は，前年度の 11.7 ③ から 1.5 ① に急減している。

表 6-6　東京エレクトロンのパフォーマンス・ファクターの推移

年度	売上	利益	資利	持分	有利負	R&D	海外	評点
2009	3	1↓	2↓	4	5	3	59↓	18↓
2008	3	3	5	↑3	5	↑2	64	21
2007	3	3	5	3	5	2	↑63	21
2006	3	↑2	↑4	3	5	2	↑61	19
2005	3	2	4	3	↑4	2	↓63	18
平均								19.4

③　しかし，東京エレクトロンでは，株主持分比率が，5年度期間中毎年改善され，2005年度の51.6％③が，2009年度には77.5％④にまで上昇し，極めて安定化志向の経営を行ってきた。他方有利子負債率の方も，2006年度以来，毎年10％以下⑤に落ちついていた。

④　研究開発費の総売上に対する割合は，平均8.03であったが，2009年度には，5ポイント近く引き上げられ，12ポイントとなった。

⑤　海外売上高比率は，はじめに63％だったのが，毎年多少の上下動を繰り返してきたのだが，2009年度には売上高の大幅下降を反映してか59％へと縮小した。

⑥　パフォーマンス評価点の方は，2005年度以降2008年度まで若干ながら上昇を続け，2008年度には21ポイントを維持していた。しかし，売上高減少，利益性後退による影響は大であり，2009年度には，3ポイント下がって18を記録している。

設問 ⑥

　　競争の激しい先端技術製品部門で，売上，利益，海外売上高比率，そしてパフォーマンス評価値の激減に見舞われた東京エレクトロンには，それとどう対処し克服することが望まれるのか。現在のより処は，高い安定性の維持と，研究開発費率の強化である。しかしすべては過去の蓄積を使いはたすまでそれを維持し実行することが必要だ。

3. 中型企業

(1) ファナック（表 6-7 参照）（表 3-31〜35 および表 5-20 も参照）

　ある理論経済学の先輩の言葉が今でも耳に残っている。曰く「問題解決の良い公式には，美しい数式が書ける」。表 6-7 に表したファナックのパフォーマンスの記録には，まさにその美しさがある。今回の調査で関係項目ほとんどすべてについて，最も美しいバランスがとれ，最高の数値 ⑤ を並べたのがファナックである。

① この会社の規模は中型企業である。しかし，売上高は，2005 の 3,303 億円に始まり，2008 年度の 4,684 億円に至るまで，順調に増加してきた。ただし不況の影響が出たのか，2009 年度には，3,883 億円と若干の減少をみせている。

表 6-7 ファナックのパフォーマンス・ファクターの推移

年度	売上	利益	資利	持分	有利負	R&D	海外	評点
2009	2	5	5	5	5	2	69	24
2008	2	5	5	5	5	2	68	23
2007	2	5	5	5	5	2	65	23
2006	2	5	5	5	5	2	64	23
2005	2	5	↑4	5	5	2	62	22
平均								23

② 利益性も非常に高く，5 年度期間を通じ，すべて ⑤ レベルの評価を維持してきた。しかし，売上高の減少は，2009 年度には若干の影響を生む，同じ 5 評価の中でも，売上高純利益が 27.1 から 25 へ，総資産純利益が 12.1 から 10 へと減退をみせている。

③ 安定性の項目も継続して改善を示した。5 年度間を通じて，有利負債は 0 ⑤ を続けた。他方株主持分比率は，これまでに 5 ポイント・レベルを維持

し，とりわけ 2008 年度から 2009 年度にかけては，売上・利益の低下にもかかわらず，株主持分比率は 83.9 から 89.4 へと改善されている。
④　ファナックの海外売上高比率は，2005 年度の 62 から拡大を続け，2009 年度には 69 の高レベルに到達した。
⑤　以上を反映して，パフォーマンスの評価値も，2005 年度の 22 を低辺として，以来 4 年度間常に 23〜4 という極めて高いレベルを維持してきた。

設問 ⑦

　今回の調査対象 66 社の中で，24 という最高の評価値を維持し，パフォーマンス・ファクターのすべての項目が最高数値のバランスを示したのが，ファナックの経営である。しかし，世界市場の競争は激しく，他社の追い上げも急である。ファナックも将来に向かい油断なく，情勢の変化に対応したフレキシブルな経営を続けていく必要があろう。以上の見解につき考えをコメントせよ。

(2)　**マキタ**（表 6-8 参照）（表 3-31〜35 および表 5-20 も参照）

マキタの数式は，ファナックのそれ程に美しくはない。
①　しかし，マキタの安定性も抜群である。有利子負債は 5 年度間を通じて 0 に近く，株主持分比率も 2005 年度の 80％（④レベル）以来，毎年増強され（すべてレベル⑤），2009 年度には 84.2％にまで拡充されている。
②　利益性については，高レベルではあったが，5 年度期間中，多少の上下動があった。はじめに，売上高純利益率は，2005 年度の 11.37 ③ から 2006 年度の 17.6 ④ へと改善したのだが，その後 2009 年度の 11.3 ③ へとゆっくり下降した。総資産純利益率も類似の上下動を示している。すなわち，2005 年度から 2006 年度にかけては 7.6 ④ から 12.4 ⑤ への改善があった。しかし，翌年からは下降気味となり（レベル⑤は維持したのだが），2009 年度には，9.9 のレベル④ に逆戻りしている。
③　研究開発費は，1％台を続けてきたのだが，2009 年度には，2.3％と上昇

第6章 5年度間を通じて「国際化チャンピオン」Cの座を維持した11社の分析と教訓　183

表6-8　マキタのパフォーマンス・ファクターの推移

年度	売上	利益	資利	持分	有利負	R&D	海外	評点
2009	2	3	4↓	5	5	1	84	20
2008	2	3	5	5	5	1	85	21
2007	2	3↓	5	5	5	1	83	21
2006	2	4	5	5	5	1	82	22
2005	2	↑3	↑4	↑4	5	1	80	19
平均								20.6

した。
④　国際化率の方も，2005年度に80％から2008年度の85％へと増加している。しかし，2009年度には84％へと若干低下した。
⑤　パフォーマンス評価は，2005年度の19から2006年度の22を経て，2007年度には21となっている。しかし，利益性が減少した2009年度には，パフォーマンス指数も低迷し，20という数値に下降した。

設問⑧

　　ファナックと類似して中規模企業ながら，高いパフォーマンス評価値を維持してきたのが，マキタである。ただし，マキタの場合には，総資産純利益率が，2009年度に，⑤から④に下降した。マキタの売上高純利益率は③であった（ファナックは⑤）。それも影響してか，2009年度のパフォーマンス評価値は1ポイント減少している。なおこの年度には，海外売上高比率も1％減少している。マキタも，ファナックと同様，将来に向かい，フレキシブルな対応を準備する必要があると考える。この考え方を論評せよ。

(3)　ローム（表6-9参照）（表3-21～25および表5-16も参照）

ロームも安定性には相当配慮してきたようである。この会社も，有利子負債

比率は5年度間を通じて0⑤である。株主持分比率も，通期で80台（レベル⑤）を維持してきた。この数値は，2007年度には一時期82.7まで減退したが，以来毎年強化され，2009年度には87.5のピークに到達した。

表6-9　ロームのパフォーマンス・ファクターの推移

年度	売上	利益	資利	持分	有利負	R&D	海外	評点
2009	2	1↓	2↓	5	5	3	61↓	18↓
2008	2	2	3	5	5	2	63	19↓
2007	2	↑3	3↓	5	5	2	61	↓20
2006	2	3	4	5	5	2	60	↑21↓
2005	2	3	4	5	5	2	56	21
平均								19

売上高は，2005年度の3,690億円から，2007年度の3,951億円へと増加を続けたが，以来，2008年度の3,734億円，そして2009年度の3,171億円とやや減少傾向にある。

研究開発費の割合は，2008年度までは8％台②であったのが，2009年度には，12.8（レベル③）に積み増されている。

国際化率については，2005年度の56から，2008年度の63へと拡大されてきた。しかし，この数値は，2009年度には61まで2％後退している。

ロームのパフォーマンス評価値は，2005年度および2006年度には21と高かった。しかしそれが2007年度には20に低下以来，2008年度には19に低下した。この低下傾向は，2009年度の18へと続いている。

設問⑨

　近年ロームの売上高は減少し，利益性も2009年には低下した。海外売上高比率もこの年度には2％減少した。その結果，パフォーマンス評価値も，18ポイントまで低下している（最高値は2005年度の21）。この会社では，利益性評価値の減少が進んでいる。他方安定性は万全であり，研究

開発費も，2009年度には，②から③へとレベルアップしている。
　ロームがパフォーマンス評価値の上下動を改善するためには，何をすることが必要か。

(4) シマノ（表6-10参照）（表3-6〜10および表5-10も参照）

シマノは，釣り具，自転車部品で世界をリードする優れた中規模メーカーである。
① この会社は不況にもかかわらず，5年度継続して売上を伸ばし，2009年度には，過去最高の2,351億円を売り上げた（2008年度は2,118億円）。

表6-10　シマノのパフォーマンス・ファクターの推移

年度	売上	利益	資利	持分	有利負	R&D	海外	評点
2009	2	3	5	5	5	1	88	21
2008	2	↑2	↑4	5	5	1	87	19
2007	2	2	4	5	5	1	85	19
2006	2	2↓	4↓	5	5	1	85	19
2005	2	3	5	5	5	1	85	21
平均								19.8

② 売上の伸びに比例して，この会社の売上高純利益率は，2006年度の9.7②から，2009年度の10.6③へと毎年度着実に上昇している。他方総資産純利益率は売上高純利益率とは少し違った動きを示している。すなわち，この方は，2005年度に10.8⑤であったのが，次の2年度間に7.6④まで降下し，その後は，また2年続けて上昇して，2009年度には13⑤となった。
③ 安定性についても問題はない。有利子負債はほとんど0である。株主持分比率の方も5年度期間を通じて80％台⑤を維持し，2009年度には期間最高の87.1に到達した。
④ この会社の売上に対する研究開発費の割合は元来3％台であった。それが2007年度には4.1％，2008年度には3.8％，そして2009年度には4％と強化

される傾向にある。
⑤ シマノのパフォーマンスの全体評価値は高い。もともと 2005 年度にこの数値も 21 であった。しかし，利益性が停滞した 2006〜2008 年度にかけてパフォーマンス数値は 19 に後退した。しかし，2009 年度にこの数値は，21 に復帰した。これは，2009 年度における利益性の改善によるところが大であると考える。

設問 ⑩

シマノは，小粒ではあるが，大変パフォーマンス評価の高い企業である。2005 年度のパフォーマンス評価値は 21 であった。それから 3 年度間は 19 に下がったが，2009 年度にはその数値を 21 に戻している。

この会社は，2009 年度にも増収・増益を確保した 66 社中数少ない企業である。安全性も，2006 年度から 2008 年度間の多少の上下動を除いて万全といえる。地味ではあるが，毎年研究開発比率を増加させ今日に至っている。

シマノが，この高いパフォーマンス数値を，今後とも維持していくためには，何をしていけば良いのか。

4．小型企業

マブチモーター（表 6-11 参照）（表 3-31〜35 および表 5-20 も参照）

① マブチモーターの安定性も非常に高いレベル ⑤ にある。利付負債は 0 であり，持株比率も 93（2008 年度）から 95（2009 年度）にまで補強されている。
② 売上高の伸びは，それほど順調とはいえない。2005 年度は 993 億円，2006 年度には 939 億円であったものが，2007 年度と 2008 年度には 1,000 億円を超えている。しかし 2009 年度には再び 926 億円に戻った。

③ このような売上高の動向は，利益性にも相当大きな影響を及ぼしている。たとえば，売上高が1,000億円から900億円台に低下した2009年度には，前年度に比べ，売上高純利益率が10.1③から3.8①へ，総資産利益率も，4.7③から1.9②へと下降している。

表6-11　マブチモーターのパフォーマンス・ファクターの推移

年度	売上	利益	資利	持分	有利負	R&D	海外	評点
2009	1↓	1↓	2↓	5	5	1	88↓	15↓
2008	2	3	3	5	5	1	90	19
2007	2	3	3	5	5	1	89	19
2006	1	2↓	3	5	5	1	88	17
2005	1	3	↑4	5	5	1	88	19
平均								17.8

④ ただし，マブチモーターも，安定性だけは堅固に維持している。借入は0⑤，持株比率は92％⑤以上（2009年度には95％）というのが，その裏付けの数字である。

⑤ この会社の国際化率は，5年度間を通じて80％台後半と非常に高いレベルであった。この間，2008年度には一度90％台に達したものの，2009年度には再び88％へと低減している。

⑥ パフォーマンス指標は，2005年度には，19と高かった。それが利益性の減退により，2007年度には17へと後退している。その後2年間は，19のレベルを維持できた。しかし，売上高や利益性が大きく後退した2009年度には，このレベルは15％にまで低減している。

設問⑪

　マブチモーターの最大の長所は，継続した国際化の発展と，安定性の確保である。

　マブチモーターの売上高は，900億円から1,000億円の間を往復している。この企業の1つの特色は，利益性が比較的低く，その善悪がパフォー

マンスの全体評価につながるということである。たとえば，2009年度には売上・利益は共に低下した。これに対応してパフォーマンスの評価値も，19ポイントから15ポイントに4ポイント低下している。

他方，海外売上高比率の方は，2005年度の88から2008年度には90％に到達した。しかし2009年度には，それが2％低下し，88％となっている。

利益性への敏感な反応を考えるとき，今後の国際化とパフォーマンス・ファクターの構成と，強調点はどこにおくべきか。考えてみよう。

5.「国際化チャンピオン企業」と他のタイプの企業との比較 ―なぜ有力な超大型企業が除外されているのか？

これまでの成功実績の事例研究の中に，日本の経営国際化の顔である超大型企業は1社も含まれていなかった。なぜか？

前節で検討した11社の「国際化チャンピオン」企業は，いずれも2005年度から2009年度にかけて継続して「チャンピオン」の座を維持し，5年度間平均でも「チャンピオンレベル」すなわち，Cレベルを獲得した企業である。なお，この中には，客観的な評価に困難を感じたアドバンテストは含まれていない。

〔Aグループ〕

調査対象66社中，次の7社は，5年度間までには至らなかったが，少なくとも大不況の2009年度を除き4年度間は，「国際化チャンピオン」の座を維持し，5年度間平均もC以上の企業である。

① ホンダ，② コマツ，③ ソニー，④ TDK，⑤ ブラザー（2005年度を除く），⑥ エーザイ（2008年度を除く），⑦ 日本特殊陶業

〔Bグループ〕

Aグループと類似して2005年度から2008年度まで4年度間毎年チャンピ

オンの座を守ったのだが、5年度期間平均値が「Pすなわちパフォーマンス・チャレンジャー」にとどまったのがBグループの次の3社である。

① トヨタ，② スズキ，③ ショーワ

なぜ、Bグループ各社が、4年度間もCの座を続けながら、平均値がCを取れなかったのか。それは、年度毎のCの数値がパスラインの15ポイントすれすれであり、それに2009年度のマイナスの大きさがあまりにも大きかったことによるものと理解される。

〔Cグループ〕

Bグループと類似しているのだが、2005年度に「国際化チャレンジャーI」として出発し、3年度間「国際化チャンピオンC」としてとどまり、5年度間平均値もCであったのは、Cグループに属する次の3社である。

① シャープ，② HOYA，③ 富士フイルム

以上のほか注目すべきは、総合電機8社のうち、日立、NEC、富士通が、いずれも年度内そして5年度間パフォーマンス数値が15ポイントに満たず、また国際化度が50％以下であったため、多くの年度において「問題ある企業X」と判定されたことであろう。

読者の参考とするため、Bグループに所属するトヨタとXグループに属する日立という代表的な企業の経営においてパフォーマンス・ファクターおよび国際化の関係性を示す、表6-12を付加しておく。「国際化チャンピオン」企業と「問題のある企業」に関する同主旨の附表と比較するのは有意義なことであ

表6-12　トヨタのパフォーマンス・ファクターの推移

年度	売上	利益	資利	持分	有利負	R&D	海外	評点
2009	5	0	0	2	1	1	74	9
2008	5	2	4	2	2	1	77	16
2007	5	2	4	2	2	1	74	16
2006	5	2	3	2	2	1	71	15
2005	5	2	3	2	2	1	68	15
平均							72.8	14.2

表 6-13　日立のパフォーマンス・ファクターの推移

年度	売上	利益	資利	持分	有利負	R&D	海外	評点
2009	5	0	0	0	3	1	41	9
2008	5	0	0	1	4	1	42	11
2007	5	0	0	1	3	1	41	10
2006	5	0	1	2	4	1	38	13
2005	5	0	1	1	3	1	36	11
平均							39.6	10.8

ると筆者は考える。

設問 ⑫

　表6-12, 表6-13に示したような超大型企業が,「国際化チャンピオン」型企業に変わるためには, どんな国際化とパフォーマンス・ファクターの改善をすることが必要か考えてみよう。

第7章

本研究から学んだことの要約と提言

1) 売上高の規模は重要である。しかしその増減は，必ずしも
   ① 国際化率の引上げ
   ② 利益性
   ③ 安定性　そして
   ④ 創造性の改善
   にはつながらない。
2) 売上高規模の大小と適格性は，関係した業種，企業により異なってくる。そしてそれはまた，関係企業の経営発展段階の違いによっても違った意味合いをもつ場合が少なくない。
3) 国際化の拡大と縮小とは，必ずしも売上，利益の伸縮とは関係がない。一部の企業は，好況の時は勿論であるが，不況の時にも，あえてそれを押し戻すべく国際化を拡大しようとすることがある。また他の企業では，好況の時にも将来を考え，あえて国際化の縮小に踏み切る場合もある。
4) 一般に医薬品，電子機器，IC製造装置，化学その他（統合事業）の業種には，利益性（資産の有効利用を含む）の高い企業が多い。しかし，自動車製造，建設機械，精密機械など，巨大な設備投資を必要とする企業の間では，利益性が低くなる傾向がある。それだけ資産のより有効な活用が期待される。
5) 株主持分比率や有利子負債は，売上，利益性の低下に対するバッファーとして利用されることが多い。一部過去の好況により貯蓄の多い企業では，不況時にもさらに安定性を強めるため，株主持分比率を引き上げる会社も少なくない。有利子負債については，持株の場合よりも，不況時に増加さ

せる傾向が強いが，一部にはかえってバッファー強化のため，それをあえて減少させる企業もある。

6) 医薬品，電子機器，IC製造装置関連企業では，国際競争力強化の観点から，他業種の企業に比べ，研究開発費率の割合が高い。その他，2009年度大不況に臨んでは，ほとんどすべての企業で研究開発費率の引き上げが行われた。しかし，そこには，研究開発が成功するか否かのリスクおよび開発から利益獲得までの時間的なズレへの配慮も必要となることを忘れてはならない。知的財産盗用の問題もある。

7) 経営パフォーマンス・ファクターのバランスの上で，相当な成功を収めている業種に，ガラス・土石，そして化学その他（統合事業）企業などの伝統的な企業が隠されている。経営のやり方次第では，こうした分野の将来にも明るい希望が残されているのを忘れてはならないだろう。

8) 経営規模（売上高規模）が大きいことは，大変な力である。しかし，それが大きければ大きいほど，非効率な運用の場合のマイナスや負担も大となる。資産の運用への留意が重要である。

9) この他，ファナックの場合は例外として，いわゆる大企業の子会社の場合，他の独立企業と比べ，パフォーマンス評価値が低くなるという傾向がある。この点，大企業は，系列会社の経営管理にさらなる努力をする必要もあろう。

10) 医薬品，電子機器などの業種には，小粒ではあるが，国際化と経営パフォーマンス・ファクターとの間で良いバランスを保ち，評価値も高い企業が少なくない。問題は，成功した企業は成長し，さらに大規模な企業に成長するという現実であろう。規模が拡大したとき，それが小さかった時と同じスタイルの経営を続けていたのでは，既存の大企業と同じ非効率，不安定な経営に陥るという危険性もある。成長を続ける企業には，環境および自らの企業規模・体質の変化に常に対応しうる，フレキシブルな経営体制と心構えを維持する必要があるだろう。このことは，防衛・守勢だけでなく，未知の将来にチャレンジする経営の積極性も必要なことを意味している。

　時代は移り，そこには新しくより実りの大きな経営機会が待ち受けている。

国際化とパフォーマンスのバランスに加えて，将来に向かい国際化の拡大を志す企業には，こうした新しい機会を捉え，リスクをとり，リスクをさらなる発展に結びつけていく余裕と，積極的な姿勢そしてリーダーシップを兼ね備えて行くこともまた強く期待されているのである。

むすびに代えて

　いわゆるグローバリゼーションの広がりの中で多くの日本の国際化企業は，経営活動の国際化に対して大きな期待を抱いてきた。
　ここでグローバル化の経営というのは，国境のない経営であり，国境国籍の区別を乗り越えて経営資源を調達し，世界中のビジネス機会をシナジリックに活用して，有効なパフォーマンスの成果を上げられる経営のことを意味している。これは，原理的には最適で誠に妥当な経営であり，もしそれに成功すれば，売上げと利益の極大化もまた実現されうるであろう。
　私見によれば，日本には，国際化が必要かつ有効な企業と，必ずしもそうではなくて，かえって国内的な充実と改善がまず先に望まれる企業の2つのタイプの経営が存在するように考える。日本の国際化企業の中ではむしろ前者よりも後者のほうが多いのではなかろうか。
　まず，ことの順序としては，国内的な経営（もしくは海外での重要な拠点国中心の経営）を確立し，その基盤の上に国際化を推進するのが現実的，実際的な国際派へのアプローチだと考える。こうした基盤を持たない企業が，国際活動の拡大のみに狂奔するのならば，その経営は極めて不安定となり，パフォーマンスは低下し，経営活動の源泉である利益も枯渇する矛盾が表面化する心配がある。
　要するに，国際化のための国際化に背伸びをするのではなく，身分相応の身に着いた経営を進めてゆくことが重要である。まず現状を客観的に評価する。次にさらなる国際化を進めることが，現在備わっている経営規模，利益性，安定性，創造性といったパフォーマンス・ファクターの内容とそれらのミックスからみて妥当でバランスがとれたものかどうかを検討する。その上で是ということになれば，実際にさらなる国際化を具体的に立案実施するというのが必要な準備と手続きだと筆者は考えている。いかに国際化は進展しても利益性や安

定性が維持できなければ意味がなく本末転倒である。

　本研究においては，日本の国際化企業66社を"国際化チャンピオン（Cタイプ企業）"，"パフォーマンス・チャレンジャー（P）"，"インターナショナル・チャレンジャー（I）"そして"問題のある企業（X）"の4つのカテゴリーに分類して検討した。

　Cタイプに属する企業は国際化とパフォーマンスが妥当なバランスを維持してきた企業である。これに対してPおよびIタイプの企業は，パフォーマンスのレベルや国際化の進展とのいずれかに問題を残す企業である。Xタイプの企業とは，国際化度そしてパフォーマンスのレベルともに問題のある企業である。そしてCタイプ以外の企業はいずれも健全な国際展開に関して問題を残し，道半ばの企業であるということもできよう。

　第6章において筆者は"国際化チャンピオン"企業のケース分析を行った。このタイプの企業経営には次の特色があった。
(1)　利益性が高いレベルで安定している企業が多かった。
(2)　常に安定性の維持強化に相当な努力が払われていた。確かに安定性が高ければ，さらなる国際化の展開を考えるとき，ある程度の利益性の減少ならばこれをカバーし克服することができる。

　しかし，そこに，いくつかの問題が存在する。
(a)　まず第1に"国際化チャンピオン（C）"のグループに，いわゆる超大企業が1社も含まれていなかったことである。超大企業の中には，国際化の拡張を含めた経営規模の拡大に相当無理をした結果，有利子負債が増大し，株主持分比率が大幅に低下した企業も含まれていた。さらに彼らの経営は，あまりにも巨大で複雑なものになったため，必ずしも適切な利益性や安定性のマネジメントとコントロールが維持できなかったのであろう。
(b)　中堅企業や中規模企業のマネジメントは，超大企業や一部の大企業と比べて，よりマネジャブルな経営を持っていたとも考えられる。とりわけ中規模企業のパフォーマンス・ファクター分析のなかで共通していたのは，その内容とミックスが他のカテゴリーに属する企業と比べてより健全でバ

ランスがとれていたということであろう。確かに中規模企業は，安定性が高く，利益性が大であり，より大型の企業と比べ，創造性の創出やさらなる国際化の拡大に必要となる資金など経営資源を自力で供給する力をもっていたといえるのかもしれない。

(c) しかし，現在成功しているようにみえるＣタイプの企業の将来にも，多くの重要な問題が待ち構えている。

成功したＣタイプの企業は，将来に向かい日本の内外においてさらなる経営拡大を志向するだろう。とりわけ，この線に沿った国際化の拡大をはかるとき，その経営規模は，今日の大型もしくは超大型企業の経営のように巨大なものとなる。その場合Ｃタイプの企業がこれまで誇りとしてきたパフォーマンス・ファクターの内容は劣化し，バランスが崩れ，その発展への原動力となる利益性も減少する可能性も発生するのではなかろうか。

もう１つ問題がある。それはＣタイプの企業に限られた問題ではない。すなわち日本の国際化企業の売上高に占める研究開発費の割合は，概して低レベルで業界横並びの線に止まってきた。この点，研究開発費のレベルを高く維持してきた医薬品や電子機器は例外といえよう。

以上に関連して興味深いのは，2007年度以降色々なカテゴリーに所属する企業の間で急激な研究開発費の積み増しが始まっていることである。

日本の国際化企業の関係した内外の市場における競争は年々熾烈化の一途をたどっている。発展途上国の企業からの追上げも激しい。急激な円高ドル安が日本の輸出入に与える影響も甚大である。かつまた先端技術部門では，製品技術陳腐化のスピードも速まっている。さらに忘れてはならないのは，今日の研究開発投資が実際の経営成果に結び付くまでには相当な時間が必要だということであろう。一体，今からの研究開発投資増額で間に合うのか。いささか不安も残されるところではある。

勿論，いつの世の中でも，他人のまねのできない製品技術の開発，そしてマネジメントの変革によって中型，中堅，大企業そして終局的には超大企業へと成長する企業が存在する。我々は，第二次世界大戦後にみたソニーやホンダに

そうのような実例のあったことを覚えている。しかし，さらなる国際化による成長を志望する企業が，すべてこのような道をたどれるとは思わない。

通常普通の企業の場合には，まず足元の経営パフォーマンス・ベースの強化充実に努め，その基礎を維持しながら，その上に秩序あり，バランスの取れた国際化の展開を段階的に推進していくことが期待されていると思う。

この点筆者は，2007年刊行の著作でも指摘したところではあるが，今回の研究でも"国際化と経営パフォーマンス"のバランスのとれた，地道で段階的な積み上げの必要性がより明確に再確認できたと考えている。

Cタイプの企業にとっては，現在の国際化とバランスのとれたパフォーマンス・ファクターの継続した維持強化，Pタイプにとっては，パフォーマンス・ファクターの改善強化，Iタイプにとっては，バランスのとれたパフォーマンス・ベースの上に国際化度を高める努力，そしてこれまで巨大な売上規模と伝統のゆえに生き残ってきたXタイプの企業にとっては，パフォーマンス・ファクター評価および国際化度のレベルの双方が極めて低い現実を直視し，初心に帰って両者の改善拡充を行う必要があると考える。

超大型や大型企業にとって，経営規模の大きさは力である。しかしその力を再活性化するパフォーマンス・ファクター自体の思い切った革新がないのならば，彼らの将来には大きな不安が残されていると言わざるを得ない。革新には，責任ある強いリーダーが必要であると考えられることも付記しておきたい。

謝　辞

　本書の刊行準備の段階では，碓井彊氏（元高崎商科大学学長），江守眞夫氏（中央経済社顧問），そして原沢政恵氏（毎日新聞エコノミスト編集部次長）から，非常に親身で有益な御激励，御助言そして御協力を頂いた。心から感謝申し上げたいと思う。又原稿のタイプ打ち出しについては，碓井氏の御紹介により，財団法人統計研究会の田尻朋子氏，長瀬朋美氏，村本絹江氏に大変お世話になったこともつけ加えておきたい。

　また本書の刊行に当たっては，終始御理解と御援助を頂いた，図書出版株式会社文眞堂専務取締役・企画部長前野隆氏および同社編集部山崎氏に対して心からなる感謝の辞を述べたいと思う。

　この他，前著『日本の多国籍化企業－国際化と経営パフォーマンスの関係性（中央経済社2007年刊）に引続き，貴重な資料を継続的に活用させて頂いた，東洋経済新報社『会社四季報』編集出版関係者の方々，さらに筆者が5年以前に米国カリフォルニア州 UCLA Anderson School of Management を訪問中に，「国際化と経営パフォーマンスの関係性」研究の重要性に関する有益な御示唆を頂いた，同校の Hans Schollhammer 教授に対しても感謝の意を表したいと思う。

　最後に，今回も引続き筆者の仕事を見守り，勇気づけてくれた，病気回復療養中の妻をはじめ，家族達の協力についても，心からの感謝の意を表すものである。

索　引

[ア]

IC 製造装置（業種別）　x, 4-5, 7-8, 10-11, 13, 15, 24, 30, 32, 39-40, 52, 62, 87-90, 127-128, 143-144, 160-161
旭硝子　32, 35-36, 38, 40, 43, 46, 56, 102-106, 133-134, 139, 147, 166
アステラス　32, 35-36, 38-39, 41, 43, 46, 57-58, 107-111, 135-136, 139, 148, 167
アドバンテスト　32, 35-36, 41, 43, 46, 52, 87-90, 127-128, 139, 149, 160-161
アルパイン　32, 34-36, 38, 41, 43, 46, 48, 67-71, 119-120, 139, 149, 153-154
アルプス電気　32, 34-36, 41, 43, 46, 51, 82, 84-87, 125-126, 139, 148, 159
安定性　ii-iii, 10, 63, 69, 74, 78, 84, 89, 93, 99, 104, 108, 113, 194-195

[イ]

石田光男　iv
いすゞ　32, 35-36, 40, 43, 46-48, 61-66, 117-119, 139, 147, 152
医薬品（業種別）　x, 4-5, 7-8, 10-11, 13, 15, 27-30, 32, 34, 46, 57-58, 107-111, 135-136, 144, 166-167, 191-192, 196
Integrated industry（統合企業）　x, 58, 137
いかに規模は大きく利益性が高くとも株主持分が安定性を欠き、借入金の過大な経営は長続きしない　11
医薬品業種は、一応の成熟期に達し、停滞期に向かったのかも知れない　5

[ウ]

Wells, Jr. Louis　iv
売上高（総売上高）および経営規模　iii, vii-x, 3-5, 9, 17-19, 21-22, 24-30, 33-34, 35（ランキング）, 36-41, 118, 120, 122, 124, 126, 128, 130, 132, 134, 136, 138, 146-149, 171-173, 176-178, 180-181, 183-185, 187, 189-192, 197
売上高規模の大小
　——売上高の大きいことは力である　viii
　——おのおのの企業に最適な国際化率とパフォーマンス・ファクターの内容と構成ミックスがある　ix
　——超大型企業　37-41 他
　——大型企業　37-41 他とりわけ171-177
　——中堅企業　37-41 他とりわけ177-180
　——中企業　37-41 他とりわけ181-186
　——小企業　37-41 他とりわけ186-188
　——国際化への対応や結果は規模の大小により異なっている　171
　——売上高規模の大小は必ずしもパフォーマンス・ファクターの改善とはつながらない　191
売上高規模ランキング　35
　——とCPIXマトリックス上の位置づけとの関係　145-150
　——何故超大型企業は国際化チャンピオンになれなかったのか　188
売上高規模のパフォーマンス・ファクター評価値　40-41
売上高純利益率　iii, ix, 8, 17-19, 22, 24-30, 61, 67, 72, 76, 82, 88, 91, 97, 103, 107, 112, 118, 120, 122, 124, 126, 128, 130, 132, 134, 136, 138, 191

[エ]

エクレクティック仮説（eclectic hypothesis）　iv
エーザイ　32, 34-36, 38, 41, 43, 46, 57-58, 107-111, 135-136, 139, 148, 166-167, 188
NEC　32, 34-36, 40, 43-44, 46, 50, 76-81, 123-124, 139, 147, 156-157
エピソード的なモデルや論文　i
M&Aによって業容を革新　29

200

エルピーダ・メモリ　32, 34-36, 41, 43, 46, 51, 82, 84-87, 125-126, 139, 149, 159

[オ]

オムロン　32, 35-36, 38, 41, 43, 46, 53-54, 91-96, 129-130, 139, 148, 162

[カ]

海外売上高比率（国際化率―国際化度）　iii, vii-x, 3, 6-7, 31, 42, 43（ランキング）, 44-59, 149, 151-169, 171-178, 180-181, 183-185, 187, 189-190

会社四季報　iii

開発から利益獲得までの時間的なズレ　192

花王　32, 35-36, 38-40, 43-44, 46, 58-59, 111-115, 137-139, 148, 169

化学その他（統合事業）（業種別）　x, 4-8, 10-11, 13-14, 15, 29-30, 32, 39, 46, 58, 111-115, 137-138, 143-144, 168-169, 175-176, 192

拡大する中国やインドなどに移転　iv

過去の遺産だけに頼っていたのでは将来はない　128

カシオ計算機　32, 35-36, 41, 43, 46, 53, 91-96, 129-130, 139, 148, 162

株主持分比率や有利子負債は，利益性の低下に対するバッファーとして利用される　191

株主持分比率（安定性　1）　ix, 3, 11, 17-19, 21-22, 24-29, 63, 69, 74, 79, 85, 89, 94, 100, 104, 109, 113, 118, 120, 122, 124, 126, 128, 130, 132, 134, 136, 138, 172-173, 175, 177-178, 180-181, 183-185, 187, 189-190

ガラス・土石（業種別）　x, 4-5, 7-11, 13, 15, 27, 30, 32, 39, 56, 103-106, 133-134, 143-144, 165-166, 192

関係企業の経営発展段階の違い　191

官民協調"日本株式会社体制"　xi

[キ]

キッコーマン　xi, 31, 59

規模とパフォーマンスの乖離　117

規模の拡大と効率の低下　27

規模の優位性　33

規模別国際化度分布　45

巨大規模だけではなく新しい創造的なマネジメントの必要性　122

基礎データの継続性を重視　xi

企業の国際化度別分布　42, 44

キヤノン　x, 32, 35-36, 40, 43, 46, 55, 97-102, 139, 147, 164, 173-174

京セラ　x, 32, 35-36, 38, 40, 43, 46, 51, 82-87, 125-126, 139, 148, 158-159, 176-178

業種・年度別CPIX分布　144

業種別総売上高変化の推移　4

業種別海外売上高の総売上高に占める割合　7

業種別売上高純利益率の推移　8

業種別総資産純利益率の推移　10

業種別株主持分比率の推移　11

業種別有利子負債比率の推移　13

業種別売上に対する研究開発費の推移　15

業種別パフォーマンス・ファクター評価のまとめ　30

キラリと光るユニークな製品技術の継続的開発　125

[ク]

クボタ　32, 35-36, 38, 40, 43, 46, 49, 72-76, 121-122, 139, 148, 155

グローバル化の経営　194

[ケ]

経営パフォーマンス評価の基準　vii-ix

経営パフォーマンス評価（一般に第5章）
　　――国際化チャンピオン（C）　vii-viii
　　――国際化チャレンジャー（I）　vii-viii
　　――経営パフォーマンス・チャレンジャー（P）　vii-viii
　　――問題のある企業（X）　vii-viii

経営国際化の先兵　122

継続した国際化の発展　187

ケース・メソード　x

経営再活性化のためには，パフォーマンス・ファクター自体の革新が必要　197

研究開発が成功するのか否かのリスク　192

研究開発投資と成果の実現の時間的ズレ　16, 192

研究開発費の積み増し　iv, 60

索　引　201

現地化等の問題　iv
建設機械（業界別）　x, 4-5, 7-16, 19-20, 30, 32, 39, 46, 49, 72-75, 121-122, 154-155, 191

［コ］

国際化が必要かつ有効な企業と，国内的な充実と改善がまず必要な企業　194
国際化と経営パフォーマンスとのバランスのとれた地道で段階的な積み上げが重要　197
　──背伸びをすれば利益の枯渇　194
国際化が進展しても利益性や安定性が維持できねば本末転倒である　194-195
国際化と経営パフォーマンスのバランスの回復　xii, 196
　──強く責任あるリーダーシップが必要　193
国際化と経営パフォーマンスの関係性　v
　──関連性を明示するマトリックス　vii-viii
　──関係性を中長期のトレンドとサイクルの中で捉える　xi
国際化の拡大や縮少は必ずしも利益の伸縮とは関係がない　191
国際化とパフォーマンス・ファクターの業種別／企業別の関係性　151以下
　──自動車製造　151-153
　──自動車部品　153-154
　──建設機械　154-155
　──総合電機　156-158
　──電子部品　158-159
　──IC製造装置　160-161
　──電子機器　161-163
　──精密機械　163-165
　──ガラス・土石　165-166
　──医薬品　166-168
　──化学・その他（統合事業）　168-169
5年間を通して国際化チャンピオンの座を維持した11社の分析と教訓　第6章
国際化率引上げと引下げとの妥当性　6
個別企業国際化度のランキング　43
5年度間を通じた総合パフォーマンス評価のランキング　139
国際化度50％の壁を乗り越える困難性　168
Goshal, S.　iv

コニカミノルタ　32, 34-36, 39-40, 43, 46, 55, 97-102, 139, 148, 164
国境のない経営　194
コマツ　32, 35-36, 38, 40, 43, 46, 49, 72-76, 121-122, 139, 147, 155, 188

［サ］

再活性化のためパフォーマンス・ファクター自体を思い切って革新　197
サイクルとトレンド─40年間景気サイクル　v
最適な国際化率とパフォーマンス・ファクターの内容と構成ミックス　ix
サプライチェーンの寸断　xi
サンデン　32-33, 35-36, 41, 43, 46, 48, 67-71, 120-121, 139, 149, 154

［シ］

JITシステム　xi
GM　i
資産のより有効な活用　26, 191
事実のトレンドから実際を探る実証研究　iii
自社偏重的・横並び的基準　ii
資生堂　xi, 31, 59
自動車製造（業界別）　x, 4-18, 32-33, 37-39, 45-48, 60-66, 117-119, 151-153, 191
自動車部品（業種別）　x, 4-15, 18-19, 22, 30, 32-33, 39, 46-48, 67-72, 119-121, 143-144, 153-154
自動車部品と電子部品のパフォーマンス評価の比較　22
新事業への多角化とM&Aによる業容の革新　29
将来の経営規模の拡大に備え，規模と他のパフォーマンス・ファクターとのバランスのとれた調整が必要　135
CPIX評価
　──CPIXを使って行った評価のテスト　16-30
　──CPIXマトリックス再説　140-141
　──CPIXマトリックス上の11業種の位置づけ　142-144
　──CPIXマトリックス上の66社の位置づけ　144-145
CPIXテストの適用と教訓　170以下

──任天堂　171-173
　　──キヤノン　173-175
　　──信越化学　175-177
　　──京セラ　177-178
　　──村田製作所　178-179
　　──東京エレクトロン　179-181
　　──ファナック　181-182
　　──マキタ　182-183
　　──ローム　183-185
　　──シマノ　185-186
　　──マブチモーター　186-188
シマノ　x, 32-33, 35-36, 38, 41, 43, 46, 48, 67-71, 120-121, 139, 149, 153-154, 185-186
シャープ　32, 35-36, 40, 43, 46, 50, 76-81, 123-124, 139, 147, 156-157, 189
終身雇用制　xi
従来の欧米中心主義から中国やインドへ　iv
ショーワ　32, 35-36, 41, 43, 46, 48, 67-71, 120-121, 139, 149, 153-154, 189
信越化学　x, 32, 35-36, 38, 40, 43, 46, 58-59, 111-115, 137-139, 148, 168-169, 175-176
人本主義　i

[ス]

スズキ　32, 35-36, 40, 43, 46-48, 61-66, 117-119, 139, 147, 152, 189
Stopford, J.　iv

[セ]

成功し，巨大化する企業のワナ　27, 192
　　──規模の拡大　27
　　──効率の低下　27
　　──創造性の限界　27
　　──製品・技術の陳腐化　196
　　──必要なフレキシブルな対応　192
セイコー・エプソン　32, 34-36, 40, 43, 46, 55, 97-102, 131-133, 139, 148, 164
製品・技術陳腐化のスピード　196
精密機械（業種別）　x, 4-15, 25-26, 30, 32, 34, 38-39, 54-55, 97-102, 131-133, 143-144, 163-165, 191
背伸びをするのではなく，身分相応の身に着いた経営を進める　194

[ソ]

総合電機（業種別）　x, 4-16, 20-21, 30, 32, 34, 37, 39, 45-46, 49-50, 76-81, 122-124, 143-144, 156-157
総資産純利益率（業種別）　iii, ix-x, 10, 17-19, 22, 24-30, 62, 68, 73, 78, 84, 88, 93, 99, 104, 108, 112, 118, 122, 124, 126, 128, 130, 132, 134, 136, 138, 191
創造性（売上に対する研究開発費の割り合い）　iii, ix, 3, 14-15, 17-19, 21-22, 24-30, 65-66, 71-72, 75-76, 80-81, 86-87, 90, 95-96, 101-102, 106, 110-111, 114-115, 118, 120, 122, 124, 126, 128, 130, 132, 134, 136, 138, 172-173, 175, 177-178, 180-181, 183-185, 187, 189, 192, 196-197
ソニー　32, 35-37, 40, 43, 45, 49-50, 76-81, 123-124, 139, 147, 156-157, 188

[タ]

第一三共　32, 35-36, 38, 41, 43, 46, 57-58, 107-111, 135-136, 139, 148, 167
大企業の多角化子会社にパフォーマンス・レベルの低調なものが多い　129
　　──さらなる管理の努力が望まれる　192
大地震，大津波そして原子力発電所の崩壊　xi
第三国企業や現地国内企業からの急ピッチな迎撃や追撃　iv
大日本スクリーン　32, 34-36, 41, 43, 46, 52, 87-90, 127-128, 139, 149, 160-161
高い安定性と研究開発の強化　180
武田　32, 34-36, 38, 40, 43, 46, 57-58, 107-111, 135-136, 139, 148, 166-167
Dunning, J.　iv
多国籍企業組織成長モデル　iv
他人のまねのできない製品・技術の開発　119, 196
　　──キラリと光るユニークな製品・技術　125, 128
段階的な国際化の推進　x

[チ]

知的財産権の保護　iv
　　──知的資産の盗用　192

索　引　203

中長期のデータベース　i
中庸を得た経営の再評価　xii
中庸を得た国際化とパフォーマンスの関係の回
　　　復　xii
中長期のトレンドとサイクルの波動　xi
調査対象企業選択の基準　x
強く責任あるリーダーシップ　vii, 193

[テ]

TDK　32, 35-36, 38, 41, 43, 46, 51, 82-87, 125-
　　　126, 139, 148, 158-159, 188
テルモ　32, 35-36, 41, 43, 46, 57-58, 107-111,
　　　135-136, 139, 149, 167
伝統的な業種／企業でも成功しているものが少
　　　なくない　29, 192
電子機器（業種別）　x, 4-15, 24-25, 30, 32, 34,
　　　39, 46, 53-54, 91-96, 128-130, 143-144,
　　　161-163, 170
電子部品（業種別）　x, 4-5, 7-15, 21-23, 32, 34,
　　　39, 50-51, 82-87, 125-126, 143-144, 158-
　　　159, 170
デンソー　32, 35-36, 38, 40, 43, 46, 48, 67-71,
　　　119-120, 139, 147, 153-154

[ト]

東京エレクトロン　x, 32, 35-36, 41, 43, 46, 52,
　　　88-90, 127-128, 139, 148, 160-161, 179-
　　　180
統合事業（Integrated Industry）　x, 58, 137
東芝　32, 35-36, 40, 43, 45, 50, 76-81, 123-124,
　　　139, 147, 156-157
東洋経済新報社　iv
トヨタ　32, 35-37, 40, 43, 45, 47-48, 61-66, 117-
　　　119, 139, 147, 152, 189
トランスナショナル統合経営モデル　iv

[ナ]

仲良しクラブ　iv
なぜ超大企業が"国際化チャンピオン"になれ
　　　なかったのか　x, 188

[ニ]

ニコン　32, 35-36, 38, 41, 43, 46, 55, 97-102,
　　　139, 148, 164

2009年度における業種別売上高の前年度対比
　　　5
日産　32, 35-37, 40, 43, 45, 47-48, 61-66, 117-
　　　119, 139, 147, 152
日本ガイシ　32, 35-36, 38, 41, 43, 46, 56, 102-
　　　106, 133-134, 139, 149, 165-166
日本株式会社（Japan Incorporated）　i
日本電気硝子　32, 34-36, 41, 43, 46, 56, 102-
　　　106, 134, 139, 149, 165-166
日本電産　32, 35-36, 38-39, 41, 43, 46, 51, 82-
　　　87, 125-126, 139, 148, 158-159
日本特殊陶業　32, 35-36, 41, 43, 46, 56, 102-
　　　106, 133-134, 139, 149, 165-166, 188
日本の企業の経営　xi
日本の国際化企業　i, vii
　　　——の売上高に占める研究開発費の割合は，
　　　概して低レベルで業界横並びの線に止
　　　まっている　196
　　　——の経営に抜本的な変革を促す契機　xi
任天堂　32, 34-36, 38, 40, 43, 46, 53-54, 91-96,
　　　128-130, 139, 148, 162, 171-173
日本の経営国際化の先達　7
日本型経営の揺らめき　xi
　　　——利益よりも売上とマーケットシェア　
　　　xi
　　　——JITシステム　xi
　　　——修身雇用制　xi
　　　——官民協調の日本株式会社体制　xi

[ネ]

年度別CPIX分布（該当企業数）　142-145

[ハ]

Bartlett, C.　iv
パナソニック（松下）　32, 34-37, 40, 43, 45, 50,
　　　76-81, 123-124, 139, 147, 156-157
発展途上国の追い上げ　196
パフォーマンス・ファクター内容の劣化　196
Vernon, R.　iv

[ヒ]

日立　32, 35-37, 40, 43, 45, 50, 76-81, 123-124,
　　　139, 147, 156-157
日立建機　32, 35-36, 39, 41, 43, 46, 49, 72-76,

121-122, 139, 148, 155
日立マクセル 32, 34-36, 41, 43, 46, 53-54, 91-96, 129-130, 139, 149, 162
筆者が考案したパフォーマンス・ファクター評価の基準 vii, 60

[フ]

ファナック x, 32, 35-36, 38, 41, 43, 46, 53, 91-96, 128-130, 139, 149, 162, 181-182
フォーチュン・世界の大企業 500 社リスト 135
フォード i
不況への対策 16, 170
富士重工 32, 35-36, 40, 43, 46-47, 61-66, 117-119, 139, 147, 152
富士通 32, 35-37, 39-40, 43, 46, 50, 76-81, 123-124, 139, 147, 156-158
富士通ゼネラル 32, 35-36, 41, 43, 46, 53-54, 91-96, 129-130, 139, 149, 162
富士フイルム 32, 35-36, 38, 40, 43, 46, 58-59, 137-139, 147, 168-169, 189
船井電機 32, 34-36, 41, 43, 46, 53-54, 91-96, 129-130, 139, 149, 162
ブラザー 32, 35-36, 38-39, 41, 43, 46, 55, 97-102, 139, 148, 164, 188
ブリヂストン 32, 35-36, 38, 40, 43, 46, 48, 67-71, 120-121, 139, 147, 154
フレキシブルな調整 172
プロダクト・ライフサイクル理論 iv
不幸な大事件の発生 xi
——大地震, 大津波, 原発の崩壊 xi
——日本の国際企業の経営に抜本的な変革を促す契機 xi

[ホ]

保守的だが順調な国際化の展開 133
Porter, M. iv
HOYA 32, 35-36, 38, 41, 43, 46, 56, 102-106, 133-134, 139, 149, 165-166, 189
holistic（全体的にみて） ii
本研究の前提と特色 i-v
ホンダ 32, 35-37, 40, 43, 45, 47, 61-66, 117-119, 139, 147, 152, 188

[マ]

マキタ x, 32, 35-36, 41, 43, 46, 53-54, 91-96, 129-130, 139, 149, 162, 182-183
マーケットシェアーの拡大 xi
マツダ 32, 35-36, 40, 43, 46-47, 61-66, 76, 117-119, 139, 147, 152
マネジメントの変革 196
マネジメントの問題 123
マブチ・モーター x, 32, 35-36, 38-39, 41, 46, 53-54, 91-96, 129-130, 139, 150, 162, 186-187

[ミ]

三菱自動車 31, 59
三菱電機 32, 34-36, 40, 43, 46, 50, 76-81, 123-124, 139, 147, 156-157
ミツミ電機 32, 34-36, 41, 43, 46, 51, 82, 84-87, 125-126, 139, 149, 159
ミネベア 32, 35-36, 41, 43, 46, 55, 97-102, 139, 149, 164

[ム]

無借金の健全な経営基礎 12
村田製作所 x, 32, 35-36, 38-39, 41, 43, 46, 51, 82-87, 125-126, 139, 148, 158-159, 178-179

[モ]

目的や発展方向 ii
問題解決の良い公式には美しい数式が書ける 181

[ヤ]

ヤマハ楽器 32, 34-36, 41, 43, 46, 55, 97-102, 139, 148, 164
ヤマハ発動機 32, 35-36, 40, 43, 46-48, 61-66, 117-119, 139, 147, 152

[ユ]

融資引き締め 13
有利子負債比率（安定性 2）（業種別） iii, vii, ix, 12-14, 17-19, 21-22, 24-28, 30, 64-65, 70-71, 74-75, 79-80, 85-86, 89-90, 95, 100-

101, 105-106, 109-110, 113-114, 118, 120,
　　　122, 124, 126, 128, 130, 132, 134, 136, 138,
　　　191-192
有利子負債の積み上げ　60
UCLA　iii

[リ]

利益性　iii（売上高純利益率および総資産純利
　　　益率の項目参照）
利益なき経営を続けても意味がない　ii, xi,
　　　194-195
利益よりも売り上げ　xi
リコー　32, 35-36, 43, 46, 55, 97-102, 139, 147,
　　　164
リスクを発展の手がかりに　193
リーダーシップ　193
リーマンショック　170

[ロ]

66社にみるCPIX上の位置づけの沿革　147-
　　　149
66社にみる2008年度から2009年度にかけて
　　　の売上高増減の実態　36
66社の内訳　32
66社の売上高規模ランキング　35
66社の経営パフォーマンス総合評価のまとめ
　　　116, 139
ローム　32, 34-36, 38, 41, 43, 46, 51, 82-87, 125-
　　　126, 139, 149, 158-159, 183-185

著者紹介

小林規威（こばやし　のりたけ）

1953 年　ハーバード大学国際政治学科卒業
1954 年　慶應義塾大学法学部法律学科卒業
1973 年　慶應義塾大学ビジネス・スクール教授，商学博士
1980 年～1983 年　1987 年～1991 年　慶應義塾大学ビジネス・スクール校長
1987 年～1991 年　慶應義塾大学大学院経営管理研究科委員長
1996 年　慶應義塾大学名誉教授
1996 年～2000 年　淑徳大学国際コミュニケーション学部長
2000 年～2002 年　淑徳大学大学院国際経営文化研究科長

　この他大学関連では，一般財団法人貿易研修センター評議員（2005 年～），Academy of International Business（国際経営学会）Fellow（現在），多国籍企業研究会会長（2003 年まで，現在は多国籍企業学会名誉会長），ブラウン大学 Trustee（現在は Trustee Emeritus），大乗淑徳学園理事（1996 年～2005 年），1968 年インディアナ・ビジネススクール，1970 年アジア経営大学院（マニラ AIM），1970 年代スイス・ジュネーブ IMI（CEI）各訪問教授，2006 年～2007 年 UCLA アンダーソン・ビジネススクール訪問研究員，ビジネス関連では，マツダ取締役（1980 年～1996 年），ボッシュ取締役（1996 年～2006 年），富士ゼロックス取締役・常勤監査役（1999 年～2004 年）などを歴任。

　著書：『日本の合併会社』（1967 年，東洋経済新報社），『国際取引ハンドブック』（共編・1973 年，中央経済社），『日本の多国籍企業』（1980 年，中央経済社），『日本の国際化企業：国際化と経営パフォーマンスの関係性』（2007 年，中央経済社）他多数。

日本企業国際化の研究
―基礎データにみる光と陰―

2011 年 9 月 10 日　第 1 版第 1 刷発行　　　　　　　　検印省略

編著者　小　林　規　威

発行者　前　野　　　弘

発行所　東京都新宿区早稲田鶴巻町 533
　　　　株式会社　文　眞　堂
　　　　電話　03（3202）8480
　　　　FAX　03（3203）2638
　　　　http://www.bunshin-do.co.jp
　　　　郵便番号(162-0041)振替00120-2-96437

印刷・モリモト印刷　製本・イマキ製本所
© 2011
定価はカバー裏に表示してあります
ISBN978-4-8309-4717-9　C3034